Fäh Notter
Die Erbschaft für eine gute Sache

Dr. Bruno Fäh Thomas B. Notter

Die Erbschaft für eine gute Sache

Ein Handbuch
für Fundraiser auf Legatsuche

Verlag Paul Haupt
Bern Stuttgart Wien

Dr. Bruno Fäh ist Betriebswirtschafter und hat an der Universität Freiburg/CH promoviert. Nach verschiedenen Auslandaufenthalten übernahm er die Leitung und das Fundraising der Schweizerischen Vereinigung gegen Tuberkulose und Lungenkrankheiten (heute Lungenliga). Seit 1990 ist Dr. Fäh freier Berater. 1991 erschien sein Buch «Geldsammeln im Dienste des Mitmenschen». Er ist der Autor von zahlreichen Veröffentlichungen und trat an in- und ausländischen Fachtagungen und Kongressen als Referent auf. Dr. Fäh ist Certified Fundraising Executive der amerikanischen Fundraising-Gesellschaft und Mitglied des Vorstandes der Schweizerischen Gesellschaft der Fundraising-Fachleute SGFF, deren Mitbegründer er ist. Die deutsche Bundesarbeitsgemeinschaft Sozialmarketing BSM ehrte ihn für seine Verdienste um das Fundraising im deutschsprachigen Raum, und die Internationale Union gegen Tuberkulose und Lungenkrankheiten verlieh ihm die Ehrenmitgliedschaft.

Thomas B. Notter hat seine juristischen Studien an den Universitäten Genf und Bern mit dem lic. iur. abgeschlossen und das Patent eines Fürsprechers (Rechtsanwalt) und Notars erworben. Nach verschiedenen Kaderpositionen in der öffentlichen Verwaltung und in Dienstleistungsunternehmen war er zuletzt Geschäftsführer des Schweizer Tierschutzes STS. Heute betreibt er sein eigenes Advokaturbüro in Bern. Zu seinen Mandaten gehören unter anderem die Beratung verschiedener Sammelwerke im Bereich der aktiven Legatsuche und die Unterstützung von Einzelpersonen bei der Abfassung ihres letzten Willens.

Die deutsche Bibliothek – CIP-Einheitsaufnahme:

Fäh, Bruno / Notter, Thomas B.:
Die Erbschaft für eine gute Sache:
ein Handbuch für Fundraiser auf Legatsuche –
Bern; Stuttgart; Wien: Haupt, 2000
ISBN 3-258-06188-2

Alle Rechte vorbehalten
Copyright © 2000 by Verlag Paul Haupt Berne
Jede Art der Vervielfältigung ohne Genehmigung
des Verlages ist unzulässig.

Gestaltung und Satz: Atelier Mühlberg, Basel
Printed in Switzerland

http://www.haupt.ch

Inhalt

Vorwort   9

1   Die Legatsuche als aktive Fundraising-Methode   11

Das Problem der Legatsuche –
    Ansatzpunkte für eine Lösung   13
Die Bedeutung des aktiven Einsatzes
    der Testamentspromotion für die Legatsuche   15
Das Testament als Vorspann des Legates   16
Resultate einer Befragung über Probleme
    im Zusammenhang mit Testamenten   18
Die Gründe, ein Testament abzufassen –
    warum die gesetzliche Regelung
    der Erbfolge nicht genügt   21
Die Akzeptanz der Legatsidee in der Bevölkerung   23
Die Gründe für ein Legat   24

2   Der Legatspender   27

Die Bedeutung des Ordnens der letzten Dinge   27
Der Wandel und der Entschluss des Menschen
    zum Testament   28
       Das Stadium des Verdrängens   29
       Das Stadium der Offenheit   29
       Das Stadium des Interesses   29
       Das Stadium des Abfassens   30
Der Legatspender und seine Bindung
    an Institutionen im öffentlichen Wohl   30
Der Legatspender und seine Wahl,
    einer Institution im öffentlichen Wohl
    das Legat zu übergeben   32

3	**Institutionen im öffentlichen Wohl**	**37**
	Gegenwärtige und zukünftige Bedeutung der Legatsuche	37
	Grundsätzliche Aspekte der Testamentspromotion	39
	Legatspolitik als Teil der Unternehmenspolitik	41
	Die Bedeutung der Unterstützung durch das Management, die Mitarbeiter, die Mitglieder und die Freiwilligen	43
	Was kann die Institution dem Legatspender bieten?	45
	Die Ethik der Legatsuche	47
4	**Der Fundraiser**	**49**
	Aufgaben des Fundraisers in der Testamentspromotion und Legatsuche	49
	Die Ausarbeitung eines Konzeptes	49
	Die Handlungsprinzipien	50
	Das Management der Legatsuche im täglichen Arbeitsablauf	50
	Möglichkeiten und Grenzen der Einflussnahme	51
	An wen richten sich unsere Promotionsaktivitäten	53
	Möglichkeiten des Einsatzes von Promotoren	54
	Die organisatorischen Hilfsmittel, die bei der Legatsuche herangezogen werden können	55
	Das stete Eingehen auf die Legatsprobleme	55
	Das Legatsbüchlein	56
	Legatsbriefe	57
	Will Clinics	57
	Inserate	58
	Projektlisten	58
	Publikationen der Institution	58
	Beratung und Betreuung von Interessenten	59

Die Nachsorge	61
Aus- und Weiterbildung des Fundraisers	63

5 Die rechtlichen Grundlagen und Möglichkeiten der Legatsuche ... 65

Allgemeine Bemerkungen	65
Die Erben	70
Die gesetzlichen Erben	70
Die eingesetzten Erben	73
Die Vermächtnisnehmer	73
Die Haupt- und die Ersatzerben	74
Die Vor- und die Nacherben	74
Der Erbverzicht	75
Enterbung und Erbunwürdigkeit	76
Der Nachlass	77
Was gehört zum Nachlass?	77
Das eheliche Güterrecht	78
Der gesetzliche Erbteil	81
Der Pflichtteil	82
Die verfügbare Quote	84
Die Instrumente der Begünstigung	86
Das Testament	91
Die Formen des Testaments	91
Die Ziele der Testamentsabfassung	92
Die Abfassung des Testamentes	97
Die Vorbereitung des Testamentes	97
Die einzelnen Schritte der Abfassung	103
Die Sicherung des Testamentes	107
Die Hinterlegung	107
Der Willensvollstrecker	109
Rechtliche Empfehlungen zur Testamentsberatung	110
Erbgang und Erbteilung	111

Schlusswort ... 115

Anhang I   117
    Beispiele von Testamenten   117

Anhang II   121
    Auszug aus dem schweizerischen
    Zivilgesetzbuch (ZGB)   121

Schlagwortverzeichnis   145

Literatur   149

Vorwort

Das vorliegende Handbuch richtet sich an all jene, die in Institutionen des öffentlichen Wohles, der Kulturförderung, der Kirche und der Bildung Aufgaben in der Mittelbeschaffung wahrnehmen, sei es als Fundraiser, als Mitglieder der Geschäftsleitung oder des Vorstandes.

Zielpublikum

Die Bedeutung der Legatsuche, das heisst aktiver Massnahmen mit dem Ziel der Begünstigung auf den Todesfall hin, nimmt zu. Die Einnahmen aus Legaten gewinnen an Bedeutung, während das reguläre Spendenaufkommen eher stagniert. Umso erstaunlicher ist, dass bisher kaum Literatur über das Gebiet der Legatsuche existiert. Die Autoren stellen mit diesem Handbuch den Verantwortlichen ein Arbeitsinstrument zur Verfügung. Auf der Grundlage theoretischer Kenntnisse und im Erfahrungsaustausch mit erfahrenen Praktikern, in Kursen, Seminarien und konkreten Beratungsgesprächen mit Organisationen und nicht zuletzt mit Gönnerinnen und Gönnern hat sich ein Konzept der Legatsuche herausgebildet, das auf die Praxis anwendbar ist und auch langfristig erfolgreich sein dürfte. Dabei ist klar, dass sich dieses neue Gebiet weiterhin in Entwicklung befindet und dass es Aufgabe jedes einzelnen Verantwortlichen ist, auch in diesem Bereich des Fundraisings immer wieder neue Massnahmen auszuprobieren und dabei zu lernen.

Ein Tätigkeitsbereich in voller Entwicklung

Unter Legaten verstehen wir nachfolgend im weiteren und ökonomischen Sinn jegliche Art von Begünstigungen von Todes wegen oder auf den Todesfall, grundsätzlich unabhängig von ihrer rechtlichen Form (Alleinerbschaft, Erbteile, Vermächtnisse, Kodizille, Stiftungserrichtungen, Vorbezüge, Anwartschaften, etc.).

Definition des Legates

Weibliche Personenbezeichnungen

In dieser Schrift werden meist allein die männlichen und nicht zusätzlich auch noch die weiblichen Personenbezeichnung verwendet. Dies ist nichts anderes als eine redaktionelle Vereinfachung zur Erhöhung der Lesbarkeit. Da sich diese Schrift aber an ein Fachpublikum richtet, schien diese Massnahme vertretbar.

Dr. Bruno Fäh   Thomas Notter

1 Die Legatsuche als aktive Fundraising-Methode

Im Laufe der Jahrzehnte haben sich als Antwort auf die Finanzierungsaufgaben der Institutionen im öffentlichen Wohl Sammlungsmodalitäten und -methoden herausgebildet, die sich bewährt haben. Am Anfang stand allein das persönliche Bitten von Mensch zu Mensch. Dann kamen Strassenverkäufe, Haus-zu-Haus-Aktionen, Abzeichenverkauf und später das Bitten durch Gönnerbriefe hinzu. In den letzten zwanzig Jahren haben sich spezielle Methoden der Zusammenarbeit mit Unternehmungen, vor allem das Sponsoring, das Suchen nach grossen Gönnern und endlich die Legatsuche als Methoden hinzugesellt. Immer galt es, mit innovativen Überlegungen und systematischer Planung neue Finanzquellen zu erschliessen. Der Beruf des Fundraisers wurde zum Teil professionalisiert und auch lehr- und lernbar.

Entwicklung der Sammlungsmethoden

Seit ungefähr zehn Jahren sind führende Institutionen im öffentlichen Wohl dazu übergegangen, nicht mehr passiv auf Legate zu warten, sondern sich aktiv um deren Einbringung zu kümmern. Nach etwelchen Widerständen – nicht zuletzt aus den eigenen Reihen – hat sich hier etwas herausgebildet, was man als Methode der Legatsuche bezeichnen kann. Ihr Wesenselement ist, dass dem Gönner, dem Interessenten, Information und Motivation geboten werden, die ihn innerlich in die Lage versetzen, so weitgehendes Vertrauen zu einer Institution zu fassen und dieses zu einer Solidarität aufzuwerten, dass es schliesslich in einem Legat seinen Niederschlag findet. Zur Legatsuche gehört eine klare Politik der Institution, die tragende innere Einstellung der Mitglieder von Vorstand und Geschäftsleitung, die Motivation der Mitarbeitenden, das Einbeziehen der Infrastruktur im Sinne von Mitgliedern und freiwilligen

Wesenselemente der Legatsuche

Akquisition

Legatskultur

Infrastruktur der Legatsuche

Helfern, und nicht zuletzt die systematische Information der Gönner darüber, dass seine Institution Legate gerne entgegennimmt und diese bei deren Eintreffen sinnvoll einsetzen kann.

Neben der Politik braucht es ein bestimmtes Instrumentarium: Es muss herausgefunden werden,
- auf welche Weise sich der Interessent damit vertraut machen kann,
- was geschieht, wenn er kein Testament verfasst, welche persönlichen Beziehungen ihm wichtig sind,
- wie notwendig für ihn das Ordnen seiner letzten Dinge ist und schliesslich
- welche formellen Anforderungen die Abfassung seines letzten Willens erfüllen muss.

psycholgogisch einfühlsame Betreuung

Hinzu kommt seitens des Fundraisers die Aufgabe, den Interessenten durch psychologisch einfühlsame Betreuung über die letzten Hindernisse, die sich einer Testamentserstellung entgegensetzen, hinweg zu führen. Hierbei kann festgestellt werden, dass sich die meisten Institutionen nicht direkt um Legate bemühen, sondern um Testamente überhaupt. Der Grund ist der, dass das Testament (oder ein Erbvertrag) als Dokument Träger und konkretes Behältnis des Legates ist. Auch psychologisch wird der Gedanke, nicht oder entferntere Vewandte und Institutionen zu berücksichtigen, oft erst dann auf, wenn ein Testament aufgestellt wird. Deshalb geht faktisch die Legatsuche für die eigene Institution meist sehr eng einher mit allgemeiner Testamentspromotion. Dem ist beizufügen, dass für den einzelnen Interessenten das Abschliessen eines Testamentes wesentliche Vorteile in sich birgt.

Testamentspromotion

Nachteile der gesetzlichen Erbfolge

Es geht hier im Grundsatz darum, dass der Mensch, wenn er kein Testament hinterlässt, sein Vermögen nach allgemeinen Grundsätzen verteilt und nicht nach seinem individuellen Willen, also nicht nach seinen höchst persönlichen Bedürfnissen, Wertvorstellungen und Verpflichtungen, sondern nach den kalten Gesetzesregeln. Es gibt also allgemeine Gründe, weshalb ein Testament aufgesetzt werden sollte, die weit über die Notwendigkeit des Legates hinausgehen. So setzen sich gemeinnützige Institutionen für die Wohlfahrt ein, die humanitären Charakters ist und seinen üblichen Bewegungskreis bei weitem überschreitet. Erfolgreiche Legatsuche verlangt aber von der Institution nicht nur eine sorgfältige Planung und Ausführung sowie ein volles Einverständnis der ganzen Unternehmung mit dem Anliegen und dessen Methoden, sondern auch ein einfühlsames und warmherziges Begleiten der Interessenten. Den meisten Menschen fällt die Einsicht, dass die letzten Dinge geordnet werden müssen, nicht leicht. Sie bedürfen an sich der Hilfe.

Das Problem der Legatsuche – Ansatzpunkte für eine Lösung

Das Spendenaufkommen in der Schweiz in den letzten Jahren stagniert gesamthaft. Zugleich drängen immer mehr Institutionen im öffentlichen Wohl an den Markt. Dabei zeigen sich kaum neue Methoden, die ohne grosse Risiken eingeführt und realisiert werden können.

stagnierende Spenden

Einzig die Erträge aus Legaten sind wachsend. Wenn man davon ausgeht, dass das Gesamtvermögen der in der Schweiz wohnhaften Personen weit über 500 Milliarden Franken beträgt und jährlich 20 Milliarden vererbt werden, so machen die Legate an Institutionen im öffentlichen Wohl bei einem Betrag von insgesamt rund 150 Millionen nur 0,75 Prozent aus.

Potenzial der Legatsuche

Die Möglichkeit, auf dem Gebiet der Legatsuche Erfolg zu haben, steigt. Wie durch die Zentralstelle der Wohlfahrtsunternehmungen ZEWO festgestellt, nehmen die Einnahmen aus Legaten in den gemeinnützigen Institutionen tendenziell klar und nachhaltig zu. Die Menschen werden immer älter, und bei einem Erbfall haben ihre Nachkommen, die auch schon zwischen 50 und 60 Jahre alt sind, oft keine finanziellen Bedürfnisse mehr, um sich ihr Leben aufzubauen. Im übrigen setzt sich die Einsicht durch, dass Wohlfahrtsunternehmen wertvolle und notwendige Arbeit leisten, die zu unterstützen ist. Daneben kann auch erwartet werden, dass sich die aktive Legatsuche auf die Resultate positiv auswirken wird.

Wie ist eine einzelne Wohlfahrtsunternehmung zu organisieren, damit sie an diesem Erfolg teilhat? Als Erstes muss die Konzept-Frage ist geklärt werden. Es besteht allgemein die Ansicht, dass eine gut geplante Promotion von Testamenten die beste Vorbereitung einer Legatsuche ist. Das heisst praktisch, dass die Wohlfahrtsunternehmung versuchen will, Menschen aktiv zum Abschluss eines Testamentes zu bewegen und zu motivieren. Hier stellt sich die allgemeine Schwierigkeit, dass Testamente etwas mit dem Tod zu tun haben. Da der Gedanke an das Testament schwer belastet ist durch den Gedanken an den Tod, wird in diesem Buch zu zeigen sein, wie diese Schwierigkeit überwunden werden kann. Ferner werden wir darauf hinweisen, wie die Institution im öffentlichen Wohl Legate und deren Abschluss praktisch zu ihren Gunsten fördern kann.

Eine Kernfrage ist sicher die, wie aktiv die Wohlfahrtsunternehmung die Legatsuche angehen kann. Es besteht die Gefahr, dass sie in den schlechten Ruf kommt, Geld, das an und für sich nicht ihr gehört, an sich zu reissen. Dass aber die Aktivität heute möglich und erfolgreich sein kann, beweisen viele Beispiele. Andererseits muss klar gesagt werden, dass das grundlegende Element einer Legatsvergabe das Vertrauen ist, das der Gönner seinem Werk entgegenbringt. Die Bildung und Pflege von Vertrauen ist folglich der Kernpunkt jeder Legatspolitik.

Ein Legat ist Vertrauenssache

Die Bedeutung des aktiven Einsatzes der Testamentspromotion für die Legatsuche

Es muss nun konkret erläutert werden, warum es für Sammelwerke empfehlenswert ist, die Suche nach Legaten mit einer Testamentspromotion zu verbinden. Das Testament ist die verbindliche schriftliche Niederlegung des Willens eines Menschen, wer welchen Betrag oder welchen Gegenstand beim Ableben erben soll. Die Möglichkeit der Begünstigung ist dabei nicht beschränkt auf die gesetzlichen Erben. Vielmehr besteht eine Möglichkeit, weitere Menschen oder auch Institutionen zu bedenken.

Ohne Testament kein Legat

Nun hat das Errichten eines Testamentes ganz bestimmte Folgen. Es ersetzt weitgehend die gesetzliche Regelung, die in Kraft tritt, wenn kein persönlicher, schriftlicher letzter Wille vorhanden ist. Das Testament gibt eine individuelle Antwort auf die Frage, wer vom Erblasser in welchem Masse oder mit welcher Summe begünstigt werden soll. Die allgemeine Lösung des Gesetzes ist an und für sich vertretbar, wenn keine speziellen Interessen zu berücksichtigen sind. Wenn aber besondere Verhältnisse vorliegen, wenn Werthaltungen, Verpflichtungen, Verantwortung, Liebe und Zuneigung ins Spiel kommen (und das dürfte in der einen oder anderen Form bei weitaus den meisten Personen der Fall sein), genügt die gesetzliche Regelung nicht mehr. Trotzdem sterben mehr als die Hälfte der Einwohner der Schweiz, ohne ein Testament zu hinterlassen. Ob dies aus Unkenntnis, aus mangelnder Verantwortung, aus dem zu langen Hinausschieben der Abfassung eines Testamentes oder aus irgendeinem anderen Grund geschieht, sei dahingestellt. Sicher ist, dass das Ordnen der letzten Dinge im Testament ein Postulat ist, das die meisten Menschen unterschreiben können.

Die gesetzliche Erbfolge als «Feind» des Testamentes

Es ist mit Sicherheit kein Fehler, sein Testament zu schreiben – aber sein Testament nicht geschrieben zu haben, kann sich als grosser Fehler herausstellen.

Spannungsfeld Gönnerinteresse contra Finanzbedarf

Unter dieser Voraussetzung nimmt das Sammelwerk eine besondere Rolle ein. Das Sammelwerk (bzw. der Fundraiser) steht einerseits für die Erfüllung seiner statutarischen Zweckes und die Beschaffung der notwendigen Mittel ein, andererseits dafür, dass seine Freunde und Gönnerinnen ihre letzten Dinge so ordnen, wie es ihnen entspricht. Um diesem Postulat Rückhalt zu verschaffen, unternimmt die Institution im öffentlichen Wohl Aktionen gegenüber ihren Gönnern, gegenüber Menschen, die mit ihr verbunden sind, und gegenüber der Allgemeinheit. Es ist dabei klar, dass sie mit Aktionen der allgemeinen Testamentspromotion auch etwas für sich erreichen will, und sei es in einer ersten Phase auch nur, dass die Frage der Legate offen gestellt wird. Legate erscheinen im Rahmen des Testamentes. Der Erblasser überlegt sich, wen er begünstigen will und wen er begünstigen kann. Wenn ihm der Gedanke an ein Testament durch ein Sammelwerk auf feinfühlige Art nahegebracht wird, wird er es auch verständlich finden, wenn auf die Möglichkeit des Legates aufmerksam gemacht wird.

Allein Testamente (und notarielle Erbverträge) können Träger der Legate sein. Der Gedanke ist inhärent, dass Menschen und Institutionen im Rahmen der freien Quote berücksichtigt werden können. Die Institution im öffentlichen Wohl zieht aus dieser Sachlage den Entschluss, dass eine wohldurchdachte Testamentspromotion auch der erfolgreichen Legatsuche dient.

Das Testament als Vorspann des Legates

Unter einem Testament wird die Niederschrift des letzten Willens eines Menschen verstanden. Es ist an eine bestimmte Form gebunden. Es muss korrekt unterschrieben und zudem sachgerecht aufbewahrt werden. Im Rahmen eines Testamentes können nun Erbteile und Vermächtnisse oder Legate ausgesetzt werden. Legate sind Verfügungen von Todes wegen im Rahmen des gesetzlichen Erbrechtes. Das Testament ist also der Träger des Legates. In seinem Rahmen wird bestimmt, wer in welchem Umfang Erbe und/oder Vermächtnisnehmer werden soll. Legate sind also ein Teil der gesamten Erbregelung.

Legate sind also zwingend an die Existenz eines Testamentes (oder eines Erbvertrages) gebunden. Wo kein Testament und kein Erbvertrag vorhanden ist, gibt es auch keine Legate. Das ist der Grund, warum Institutionen im öffentlichen Wohl sich darum bemühen sollten, dass möglichst viele Menschen mit dem Gedanken an ein Testament vertraut gemacht und an die Abfassung herangeführt werden. Der Testamentsinteressent muss also erst darauf hingewiesen werden, *dass er die Möglichkeit hat, durch ein Testament die vom Gesetz vorgesehene Erbfolge zu ändern, das heisst zu ersetzen oder zu ergänzen.*

<small>Testamentspromotion als erste Stufe der Legatsuche</small>

Dies hat eine besondere Bedeutung, wenn Menschen berücksichtigt werden sollen, die nach der gesetzlichen Regelung zu kurz kämen. Im Zentrum stehen hier für zunehmend viele Menschen der Lebensgefährte oder die Lebensgefährtin, die ohne testamentarische Verfügung oder einen Erbvertrag keinerlei Anteil am Nachlass bekämen. Wichtig ist auch eine Bevorzugung des überlebenden Ehegatten (Frau oder Mann): Ohne eine Begünstigung im Testament wäre es ihm in vielen Fällen nicht möglich, den gewohnten Lebensstil aufrecht zu erhalten. Zu denken ist auch an Kinder, die invalid oder in Ausbildung sind oder die eine eigene Existenz gründen sollen. Nicht zu vergessen sind auch die Eltern und andere nahestehenden Personen und Institutionen. Ein Testament oder ein Erbvertrag gibt nun die Möglichkeit, die gesetzliche Erbfolge zu begrenzen.

<small>Wer kann begünstigt werden?</small>

Allgemeine Testamentspromotion heisst also in erster Linie, die Vorteile eines individuellen Testamentes gegenüber der allgemeinen gesetzlichen Regelung darzustellen. Sie erstreckt sich sodann auf die Erklärung der Möglichkeit, weitere Personen und gemeinnützige Institutionen, die in den gesetzlichen Regeln nicht vorgesehen sind, in den letzten Willen einzuschliessen.

<small>Ziel der Testamentspromotion</small>

Resultate einer Befragung über Probleme im Zusammenhang mit Testamenten

Das GfS-Forschungsinstitut führte im Jahre 1998 eine repräsentative Befragung durch, die uns einzelne Aspekte der Testamentsproblematik näher vor Augen führt.

Die erste Frage lautete: «Haben Sie selber ein Testament oder einen Erbvertrag zugunsten anderer ausgestellt?»

Abbildung 1

Wer hat ein Testament?

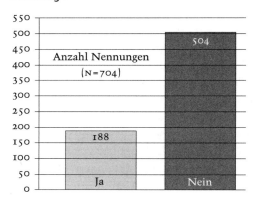

Die Auswertung nach Gruppen von Befragten ergibt ein interessantes Bild:

Tabelle 1

	Total	Geschlecht		Alter		
		Mann	Frau	18–39	40–64	65–84
Ja	188	0	100	88	25	86	73
	27%	0%	29%	25%	9%	30%	61%
Nein	507	3	242	262	252	198	47
	72%	75%	70%	73%	89%	68%	39%
Weiss nicht / keine Antwort	13	1	5	7	5	6	0
	2%	25%	1%	2%	2%	2%	0%
Total der Befragten	708	4	347	357	282	290	120
	100%	100%	100%	100%	100%	100%	100%

Tabelle 2

	HH-Einkommen			Bildung			Sprachgebiet	
	<4000	<7000	>7001	tief	mittel	hoch	Ds	Ws
Ja	30 25%	55 23%	59 31%	25 23%	100 25%	61 31%	159 29%	28 19%
Nein	91 75%	179 76%	123 65%	79 74%	295 75%	133 68%	377 69%	121 80%
Weiss nicht/ keine Antwort	1 1%	2 1%	6 3%	3 3%	6 1%	3 2%	10 2%	2 1%
Total der Befragten	122 100%	236 100%	188 100%	107 100%	401 100%	197 100%	546 100%	151 100%

Erstaunlich ist das Faktum, dass Frauen nicht weniger Testamente ausfertigen als Männer. Auffallend ist die Differenz zwischen Deutschschweizern und Welschschweizern, die nicht erklärbar ist. Die Altersgruppen mit einem entscheidenden Anteil an Testamenten sind wie erwartet die Senioren. Testamente finden sich besonders häufig bei Personen mit hohem Einkommen und mit hoher Bildung.

Die zweite Frage fragte nach dem Grund, warum ein Testament ausgefertigt wird.

Was spricht für ein Testament?

Abbildung 2

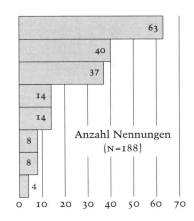

aus Gründen der Vorsorge — 63
will Partner(in) etwas hinterlassen — 40
will, dass Geld in richtige Hände kommt — 37
Todesfälle von Freunden oder Familienangehörigen — 14
keine Antwort — 14
weiss nicht — 8
will Menschen, die wichtig sind, etwas hinterlassen — 8
keine Kinder — 4

Anzahl Nennungen (N=188)

Was spricht gegen ein Testament?

Bei der dritten Frage ging es darum zu wissen, warum kein Testament ausgestellt wird.

Abbildung 3

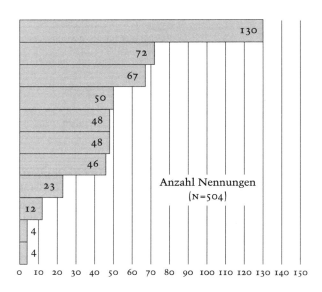

	Anzahl Nennungen (N=504)
zu jung, denkt noch nicht an das Sterben	130
noch nicht nötig, sich Gedanken zu machen	72
noch keine klaren Vorstellungen	67
nichts zu vererben; kein Vermögen	50
weiss nicht	48
keine Antwort	48
klare Erbfolge; gemäss gesetzlicher Regelung	46
hatte noch keine Zeit dafür	23
hat keine Kinder	12
nur (unwichtiges) Materielles	4
wechselt oft diesbezügliche Meinung	4

Das Gesamtbild der Befragung ergibt, dass sich die Schweizer Bevölkerung durchaus der testamentarischen Problematik bewusst ist. Wir vermuten, dass ca. 50 Prozent der Verstorbenen ein Testament ausgefüllt hat. Nicht erfragt wurde, ob sich der Einzelne mit dem Gedanken eines Testamentes schon befasst hat und noch nicht zu einem Schluss gekommen ist.

Die Gründe, ein Testament abzufassen – warum die gesetzliche Regelung der Erbfolge nicht genügt

Anlass zum Abfassen des Testamentes sind etwa *Anlass*
- Zustände oder Veränderungen im Familienleben des Erblassers selbst oder von Begünstigten (Geburten, fehlende Nachkommenschaft, Patenschaft, Konkubinat, Heirat, Freundschaft oder Streit, Scheidung, runde Geburtstage, Tod),
- Ereignisse des Berufslebens (Beförderung oder Versetzung, Schritt in die Selbstständigkeit, Pensionierung),
- andere bewegende Erlebnisse (Krankheit oder Invalidität des Erblassers oder Bekannter, Jubiläen, Katastrophenberichte und Meldungen über schockierende Zustände) und persönliche Reifungsprozesse (religiöse, Akzeptieren des Alters, Dankbarkeit, Beziehungspflege mit einer Organisation, Finanzoptimierung, etc.)

Die gesetzliche Erbfolge sieht die Berechtigung auf Erbteile nach allgemein gültigen Prinzipien vor. Wenn Ehegatten oder Lebensgefährten, Eltern oder Kinder usw. in besonderem Masse begünstigt werden sollen, kann das am einfachsten durch ein Testament erfolgen. *Begünstigte*
- Die Bevorzugung des Ehepartners
  Die Sorge um den Gatten lässt viele Menschen Massnahmen treffen, die dessen Weiterleben nach dem eigenen Tod sicher und würdig gestalten. Es kann sich dabei um die Erhaltung des bisherigen Lebensstandards handeln oder beispielsweise auch darum, dass der Gatte das Haus oder eine Wohnung weiterhin behalten kann. Für die finanzielle Absicherung des Ehegefährten kann die Einräumung einer maximalen Quote von Eigentum oder einer Nutzniessung gewählt werden.
- Lebensgefährten ohne Trauschein
  Beim Konkubinatspartner ist der Handlungsbedarf offensichtlich, denn er geniesst kein gesetzliches Erbrecht: Nach Gesetz erbt der Lebensgefährte ohne Trauschein

nichts, wenn ihm nicht im Testament oder einem Erbvertrag Vermögensteile zuerkannt werden. Es ist eine wichtige Aufgabe, für das weitere Leben des Lebensgefährten zu sorgen. Der Fundraiser muss bei Gesprächen darauf hinweisen, was das Erstellen eines Testamentes für den Lebensgefährten bedeutet.
– Kinder
Eine besondere Fürsorge für Kinder ist dann angezeigt, wenn sie einer umfangreicheren Hilfe bedürfen. Dies trifft insbesondere etwa zu bei Kindern, die krank sind oder sich in Ausbildung befinden.

Das Testament, ein Akt der Macht und der Fülle

Das Testament gestattet darüber hinaus, nach Bedürfnis, nach Verpflichtung, nach Verantwortung, nach Liebe gewisse Summen einzelnen Personen oder Institutionen zuzuerkennen. Der heutige Mensch ist es gewohnt, zu seinen Lebzeiten über sein Vermögen frei zu verfügen. Soll nun nach dem Tode die Verteilung des Vermögens nach Prinzipien geschehen, die ihm allenfalls fremd sind, die nicht im Einklang stehen mit seinen Prinzipien und Erfahrungen im Leben? Der Kreis der Lieben, die viele Menschen bedenken wollen, hört nicht mit der engen Familie auf. Vielmehr können Freunde, Bekannte oder Institutionen bedacht werden. Für den Fall, dass sie dies tun möchten, hat das Gesetz den Weg zum Testament und zum Erbvertrag bereitgestellt. Wenn einmal gewisse Anfangshemmungen überwunden sind, so ist das Ausstellen eines Testamentes ein Akt der Macht, der Fülle. Nie kann der Mensch zu Lebzeiten in ähnlichem Masse frei seinen eigenen Prinzipien nachkommen.

Allerdings ist zu bedenken: Auch nach einem und gegen ein Testament können die Pflichtteile durchgesetzt werden. Das heisst, das Testament kann zwar über jene Teile des Vermögens verfügen, die vom Gesetz als Pflichtteil definiert sind. Die verletzten Erben können aber – wenn sie wollen – die Respektierung ihres Pflichtteils durchsetzen. Einzig über die sogenannte verfügbare Quote kann der Erblasser frei und definitiv verfügen.

Testamente können bis zum Ableben ihres Autors von diesem verändert werden. Sie können jederzeit vernichtet, neu geschrieben, ersetzt, ergänzt, das heisst der Entwicklung und der Erfahrung angepasst werden.

Testamente geben zudem die Möglichkeit von Legaten. Diese sind der Ausfluss von Zuneigung zu Personen und Institutionen, mit denen der Erblasser sein Leben lang zusammengearbeitet hat, die ihn durch ihre Pflichterfüllung beeindruckt haben, die über sein Ableben hinaus prosperieren und sein Lebenswerk über sein Ableben hinaus fortführen sollen.

Die Akzeptanz der Legatsidee in der Bevölkerung

Das Forschungsinstitut GfS führte im Jahre 1999 eine repräsentative Untersuchung in der Schweizer Bevölkerung durch, bei welcher es um die Frage ging, ob im Rahmen eines Testamentes des Befragten ein Legat für ein wohltätiges Werk vorgesehen sei. 22 Prozent der Befragten antworteten mit Ja. Interessant ist, dass in der Altersstufe der 18- bis 39-Jährigen 25 Prozent positiv antworteten, bei den 40- bis 64-Jährigen 21 Prozent und bei den 65- bis 84-Jährigen 23 Prozent. Menschen mit tiefer Bildung sahen mit 30 Prozent eher ein Legat vor als solche mit mittlerer (22 Prozent) und hoher Bildung (19 Prozent). Die Deutschschweiz war mit 23 Prozent stärker vertreten als die Westschweiz mit 20 Prozent. Auffallend war auch das Resultat, dass in Bezug auf die Siedlungsart Bewohner von Städten mit 15 Prozent weniger Legate aussetzten als solche aus ländlichen Gebieten mit 31 Prozent.

Legate innerhalb des Testamentes

Die Legatsidee ist offenbar verbreiteter als allgemein angenommen. Ermutigend ist die Tatsache, dass jüngere Menschen ein offenes Herz für Wohltätigkeit haben und dass offenbar eine tiefere Ausbildung (und wohl auch ein niedrigeres Einkommen) nicht gegen die Ausrichtung von Legaten sprechen.

Die Gründe für ein Legat

Welches sind die Gründe, die Legatspender motivieren, eine bestimmte Institution als Empfänger zu bestimmen?

Konkurrenz der Begünstigten

Die Erfahrung zeigt, dass sehr oft nicht eine einzelne Institution ein Legat bekommt, sondern dass es gleichzeitig mehrere Nutzniesser gibt. Offensichtlich erhalten auch die einzelnen Werke gemäss den persönlichen Präferenzen unterschiedlich hohe Beträge oder Anteile.

persönliche Beziehung zur Institution

Es stellt sich die grundsätzliche Frage, warum eine Institution im öffentlichen Wohl überhaupt als Legatsempfängerin bevorzugt wird. Der Hauptgrund ist wohl der, dass der Legatsinteressent als Gönner durch eine Institution gut behandelt wurde. Das heisst im einzelnen, dass eine Beziehung mit ihm aufgebaut wurde, dass kein Druck ausgeübt wurde auf die Betragshöhe, dass die Anliegen richtig erklärt und nicht übertrieben dargestellt, Reklamationen richtig behandelt und Anregungen ernst genommen wurden. Das kontinuierliche Aufbauen des Vertrauens ist wahrscheinlich der wesentlichste Grund, durch welchen sich eine bestimmte Institution zur Empfängerin qualifiziert. Die Begünstigung mit einem Legat stellt sich in dem Falle als Resultat einer langjährig gepflegten sowie in Stil und Massnahmen adressatengerechten Gönnerbeziehung dar.

persönliche Beziehung zu Kontaktpersonen

Dabei spielen persönliche Beziehungen zwischen Gönner und Fundraiser eine ganz bestimmte Rolle. Gönner erleben das Verhältnis zu Institutionen als ein Mensch-zu-Mensch-Verhältnis. Das wird verstärkt, wenn sie den Fundraiser, die Fundraiserin, Mitarbeitende oder ein Mitglied des Vorstandes persönlich kennen, mit ihm oder ihre Gedanken austauschen können und von ihren Erzählungen lernen. In diesem Zusammenhang spielt das «Personal Asking», das persönliche Bitten, eine grosse Rolle. Personen, die während längerer Zeit durch einen Fundraiser begleitet wurden, denen geholfen wurde, die Schwierigkeiten bei der Testamentsabfassung zu überwinden, die mit den Eigenheiten und Möglichkeiten eines Legats bekannt gemacht wurden, sind geneigt, ihre Dankbarkeit in einem Legat zu bezeugen.

Wenn dies zutrifft, so spricht das für eine vermehrte Personalisierung der Gönnerpflege, das heisst neben der Darstellung der statutarischen Zweckbestimmung der Institution für den Einbezug von Person und Bild von Ansprechpartnern und Exponenten der Institution.

Selbstverständlich spielt das Anliegen des Sammelwerkes, d.h. die Botschaft der statutarischen Zielsetzung eine Rolle. Wir fühlen uns als Mensch mehr oder weniger angezogen durch bestimmte Anliegen. Besonders nahe geht es uns zum Beispiel, wenn wir selber oder uns nahe Stehende von einem Leiden, das durch die Sammelinstitution bekämpft wird, betroffen sind. Direktes Betroffensein spielt eine wichtige Rolle in der Wahl des Legatsempfängers. Patienten mit einem Krebsleiden möchten, dass es Krebskranken gut geht, dass in Bezug auf Krebsforschung die Vorbedingungen geschaffen werden, dass die Krankheit Krebs möglichst bald einen wesentlichen Teil ihres Schreckens verliert. Wenn auch die Betroffenheit der Gönner eine grosse Rolle spielt, muss doch gesehen werden, dass sie nicht ausschliesslich als Grund für ein Legat gesehen werden kann. Wäre dies der Fall, so würden die Organisationen, welche sich den grossen Volkskrankheiten widmen, in Bezug auf Fundraising heute anders dastehen.

Die Art und Weise, wie sich ein Sammelwerk positioniert und darstellt, kann eine bedeutende Rolle spielen. Es gibt Arten der Selbstdarstellung, die dem Gönner sympathisch sind. Ist das Sammelwerk genügend einfühlsam? Geht es genügend auf die Wünsche der Gönner ein? Ist die Aufmachung so, dass es zum Gesamtbild bzw. übrigen Auftritt des Sammelwerkes in der Öffentlichkeit passt?

Eine gewisse Rolle spielen die Möglichkeiten der Ausgestaltung und der Zweckbestimmung eines Legates. Vor allem Projekte für grössere Geldgaben müssen so ausgestaltet sein, dass sie den Wünschen des Legatgebers in weitem Masse entgegenkommen. Denn sie sind vielfach die Personalisierung des Ewigkeitsgedankens eines Menschen. Legatspender können durch den Verwendungszweck des Legates motiviert werden, eine grössere Spende zu machen.

Das Anliegen

Die Betroffenheit

Stil und Auftreten

Die Zweckbestimmung

Empfehlung

Nicht zu unterschätzen ist die Bedeutung der Empfehlung durch Fachpersonen oder Promotoren. Berater in verschiedenen Gebieten, so vor allem Vermögensberater, haben einen erheblichen Einfluss auf die Legatspende. Auch Ärzte und Pfarrer sowie Krankenschwestern und Sozialarbeiter kennen meist die näheren Lebensumstände eines Menschen und können ihm raten, wie er seine letzten Dinge ordnen könnte. So sind viele Fälle bekannt, in denen Abteilungen für Erbschaften einer Bank oder einer Vermögensverwaltungsfirma praktischen Einfluss genommen haben auf die Legatspende.

Informationsträger

Einfluss haben sicher auch die allgemeinen und die spezifisch auf den Legatspender zugeschnittenen Informationsschriften und anderen Informationsträger des Sammelwerkes. Vor allem sind Fälle bekannt von nachhaltigem Einfluss durch die Legatsbroschüren und durch Legatsbriefe.

2 Der Legatspender

Die Bedeutung des Ordnens der letzten Dinge

Ordnung ist ein Phänomen unseres Lebens. Wir versuchen, unseren Kindern beizubringen, wie sie ihre Angelegenheiten zweckmässig ordnen können. Es gehört zu den Grundprinzipien unserer Erziehung, voraus zu denken, Reserven anzulegen, die Zukunft zu planen, zu gestalten und möglichst im Griff zu haben, Entwicklungen vorauszusehen, den Überblick zu bewahren, zum Rechten zu sehen und damit die Zukunft einigermassen befriedigend zu bewältigen. Im Gegensatz zur Ordnung steht die Unordnung, das heisst die Gefahr, dass Dinge passieren, die wir nicht vorausgesehen haben. Das Schaffen von Ordnung vermittelt dagegen ein Gefühl der Sicherheit und vermindert die Gefahr verunsichernder Überraschungen.

Planen und Bewältigen

So wie wir die täglichen kurzfristigen Dinge in eine bestimmte Ordnung zu bringen trachten, so tun wir dies auch bei den langfristigen Angelegenheiten. Wir planen wichtige Käufe, wir planen den Einsatz unseres Vermögens. Und genauso, wie wir eine bevorstehende Pensionierung planen, können wir frühzeitig ordnen, was bei unserem Ableben mit unserem Vermögen zu geschehen hat. Dieses Ordnen der letzten Dinge mag durch unseren Willen motiviert sein, die Vermögensteile in die richtigen Hände kommen zu lassen, durch das Bedürfnis, dass die Einzelnen, die uns nahe stehen, richtig berücksichtigt werden. Ein wichtiges Motiv ist die Vermeidung von Streit und Zwistigkeiten. Aber auch der Gedanke kann vorherrschend sein, dass es uns mit Stolz erfüllt, andere zu begünstigen, zu unterstützen und zu fördern. Das Testament kann ferner als Abschluss eines erfolgreichen finanziellen Lebens aufgefasst werden oder

Gestalten

Vermeidung von Streit

Verlängerung des eigenen Wirkens

als die Weiterverfolgung von Zielsetzungen über das Lebensende hinaus, welche zu Lebzeiten für einen Menschen von Bedeutung waren und durch sein Ableben ihre Wichtigkeit nicht verlieren sollen.

Der Wunsch, die letzten Dinge ordnen zu wollen, reift mit den Jahren. Ein junger Mensch sieht seine Aufgabe in der Gestaltung seines Lebens. Er denkt oft noch nicht daran, was nach seinem Tode geschieht. Die Einsicht, dass der Tod eine unabänderliche Tatsache ist und dass danach die Welt ohne ihn weitergehen wird, kommt für jeden Menschen früher oder später. Er wird sich überlegen, dass niemand mehr seine Dispositionen wahrnimmt, wenn er einmal nicht mehr da ist. Er ist sich gewohnt, sein Vermögen nach bestem Wissen und Gewissen zu verwalten. Zu der Ordnung seiner letzten Dinge würde gehören, dass er festlegt, wer das Vermögen erbt, wer begünstigt werden soll. Er

Ein Akt der Verantwortung und Liebe

regelt seine letzten Dinge, weil er seine Lebensverantwortung wahrnehmen will, weil er das, was er aufgebaut hat, in die richtigen Hände geben und bei seinem letzten Willen nach Verantwortung, nach Verpflichtung, nach Liebe und Zuneigung handeln will.

Wachsendes Bewusstsein

Der Wandel und der Entschluss des Menschen zum Testament

Auslöser

Testamente sind mit dem Gedanken an den Tod verbunden. Menschen erleben die Endlichkeit des Daseins und die Unabänderlichkeit des Todes ganz verschieden. Die Einsicht, dass das Thema Tod eines Tages aktuell wird und das Leben einfach ohne uns weitergehen wird, wächst mit zunehmendem Alter. Das berufliche Umfeld, familiäre Traditionen, die Einstellung zu weltanschaulichen Fragen, aber auch Todesfälle im Freundeskreis, schwere Krankheiten, Unfälle und andere Schicksalsschläge beeinflussen diese sehr persönliche Entwicklung und Haltung.

Bei näherem Zusehen kann man Stadien der Einstellung zur Ordnung der letzten Dinge erkennen. Für den Fundraiser gilt es, die möglichen Ansprechpartner in den unterschiedlichen Stadien in ihrem Leben zu erfassen und differenziert anzusprechen.

Das Stadium des Verdrängens
Dies ist ein Stadium, in dem sich meist jüngere, aber auch ältere Menschen und selbst Senioren noch weit von ihrem Lebensende fühlen. Sie können sich kaum vorstellen, dass der Tod sie plötzlich ereilen könnte. Nachrichten über Todesfälle und Unglücke werden verdrängt. Das betrifft andere, nicht mich, denkt man sich. Nicht selten kommt es vor, dass Menschen in der Phase des Verdrängens mit heftiger Abwehr auf die Idee einer Testamentserrichtung reagieren. Sie holen keine Hilfe und weisen guten Rat beleidigt von sich. Der Fundraiser hat in dieser Phase keine andere Wahl als abzuwarten.

Das Stadium der Offenheit
Hier befinden sich die meisten Menschen, die für eine Testamentspromotion in Frage kommen. Sie sind unvoreingenommen, nehmen neue Ideen auf und diskutieren darüber. Sie teilen die Meinung, dass die letzten Dinge geregelt werden sollen. Sie sind aber noch zu jung, zu ungebunden, zu beschäftigt, um schon jetzt etwas Konkretes in dieser Richtung zu unternehmen. Offene Menschen sind an sich sehr zugänglich für Testamentspromotion. Ist der Zeitpunkt richtig gewählt, werden sie Informationsmaterial annehmen und auch lesen.

Das Stadium des Interesses
Der durch die Testamentspromotion erfasste Ansprechpartner ist sich der Bedeutung der rechtzeitigen Nachlassregelung bewusst. Im Prinzip ist er auch gewillt, ein Testament zu errichten. Er sammelt nun bewusst Angaben über Testamente und Legate. Er unterhält sich mit Freunden und Bekannten, um zu erfahren, wie sie ihre Angelegenheiten regeln wollen oder schon geregelt haben. Den Entschluss hat er an und für sich gefasst, nur den Übergang zur Tat und die Bestimmung des Inhalts hat er noch nicht vollzogen. Der

Fundraiser wird einen interessierten Menschen bei der Nachlassregelung begleiten und betreuen. Er weiss, dass die grosse Hürde darin besteht, konkrete Schritte zu unternehmen und ein Testament abzufassen.

Das Stadium des Abfassens
Im Stadium des Abfassens sind fast alle Fragen geklärt. Ein Fundraiser wird versuchen, auf die Bedeutung des Beizuges einer Fachperson bei der Abfassung eines Testamentes hinzuweisen. Er wird als Gesprächspartner noch einmal auf die interessanten Möglichkeiten im Rahmen eines Legates hinweisen.

Der Legatspender und seine Bindung an Institutionen im öffentlichen Wohl

Der Beziehungsaufbau durch die Institution

Die meisten Menschen lernen ein Sammelwerk durch einen persönlichen oder unadressierten Brief, der an sie gerichtet ist, kennen. In diesem Schreiben wird das Anliegen der Institution des öffentlichen Wohles vorgestellt und die Bitte ausgesprochen, durch einen Beitrag die gute Sache zu unterstützen. Durch seine Zahlung tritt der Spender aus dem Schatten eines beliebigen Adressmaterials hervor und wird zum Gönner.

Erstzahler

Die Institution schreibt ihm ein- bis viermal pro Jahr an und erklärt ihm, was sich im Rahmen des Werkes tut und welche Anliegen besonders aktuell sind. Der Briefempfänger hat nun wiederum die Möglichkeit, eine Spende zu tätigen oder keine weiteren Einzahlungen vorzunehmen. Seine wachsende Verbundenheit mit dem Werk legt er dadurch an, dass er die nach der Erstzahlung eintreffenden Briefe mit weiteren Spenden beantwortet. So wird er zum Mehrfachzahler. Es ist durchaus möglich, dass er dem Werk schreibt, wenn er ein besonderes Anliegen hat oder wenn er eine Reklamation anbringen will. Es ist auch denkbar, dass das Sammelwerk mit ihm telefonisch Kontakt aufnimmt, wenn er eine grosse Spende tätigt oder wenn es seine Meinung zu einer besonderen Fragestellung erfragen will.

Mehrfachzahler

Ein paar wenige Gönner lassen sich motivieren, einen grösseren Betrag zu zahlen. Sie werden so zu Grossgönnern. *Grossspender*
Das Sammelwerk wird sich bemühen, mit ihnen eine Beziehung aufzubauen, die über den rein schriftlichen Verkehr hinausgeht.

Wenn wir die Beziehung des Werkes zum Gönner einmal von der prinzipiellen Seite her anschauen, so ergibt sich das Bild einer wachsenden Bindung, die vom Werk aus angestrebt und gepflegt wird. Mit anderen Worten heisst das, dass die Institution eine Beziehung anstrebt, die ihr den Gönner näher und näher bringt. Das heisst, dass Gönner nicht einfach mit Bitten bedacht werden, sondern dass *Das Ansprechen* eine erzieherische, pädagogische Absicht hinter den einzelnen Aussendungen und telefonischen Anrufen liegt, die zum Ziele hat, den Gönner zu einer Integration zu führen. Die sogenannte Gönnerbewirtschaftung sollte im Grunde genommen auf ein solches Ziel hinauslaufen.

Ein Mensch, der von einem Gönnerbrief bedacht wird, *Das Abholen* ist – wenn er sich positiv einstellt – in einem Zustand der Offenheit. Er öffnet das Mailing, er liest den Brief, betrachtet die Beilagen, überlegt sich, ob er etwas geben will oder nicht. Diese Offenheit wird abgelöst durch einen Zustand der Sympathie, wenn es zu einer Zahlung kommt. Der Gönner zahlt ein- oder mehrmals an eine bestimmte Adresse. Er beginnt sich für das Anliegen zu interessieren und liest die einzelnen Botschaften mit mehr Interesse. Mit der Zeit entfacht sich in ihm eine Zuneigung für das Werk. Er beginnt das Anliegen zu lieben, sich zu motivieren, einen grösseren Betrag zu geben. Er will regelmässiger Spender sein.

Der Zustand der Zuneigung wieder wird abgelöst durch *Das Wecken* einen Zustand der Liebe. In diesem Stadium ist die Sympa- *von Sympathie* thie klar und einfach auszusprechen. Der Gönner hat eine Präferenz für sein Werk und betrachtet mit Sorgfalt alles, was er von ihm bekommt. Er versucht einen persönlichen Kontakt zu finden mit Repräsentanten des Sammelwerkes. Als höchster Stand der Beziehung kommt endlich derjenige der Integration. Jetzt fühlt sich der Gönner mit dem Werk

Das Hervorrufen von Opferbereitschaft

in allen Dingen einverstanden. Er spricht vom Werk, wenn er mit Bekannten und Freunden zusammen ist. Er ist bereit, Opfer zu bringen für sein Werk. Er verteidigt es gegenüber Feinden.

Der Zustand der Integration ist der, in dem Legate gespendet werden. Hier ist die innere Voraussetzung vorhanden, im Rahmen des Ordnens der letzten Dinge Dispositionen zu treffen, durch die ein Teil oder das ganze Vermögen in Form eines Legates an das Sozialwerk geht.

Ein schrittweises Vorgehen

Es ist nicht leicht, die Idee der Integration in einem Sammelwerk zu realisieren. Wohl sind sich alle Verantwortlichen im Fundraising einig, dass es wünschbar wäre, Menschen zu finden, die selbst unter Opfern zu ihrem Sammelwerk stehen. Dass es aber dazu eine ganz bestimmte Motivation braucht, ganz bestimmte Einzelschritte, dass damit der Inhalt und die Form der Aussendungen beeinflusst werden, wird weniger gesehen. Der Fundraiser ist in Gefahr, unter Geld- und Zeitdruck solche Überlegungen beiseite zu schieben. Dennoch wären sie von grundlegender Bedeutung. Praktisch heisst das, dass in den Beziehungen ein bestimmter langfristiger Plan zur Realisation kommen muss, in dem jeder Einzelschritt sinnvoll vorausgesehen und bewusst durchgeführt wird.

Der Legatspender und seine Wahl, einer Institution im öffentlichen Wohl das Legat zu übergeben

Der Beziehungsaufbau durch den Legatspender

Die Vermutung liegt nahe, dass die Betroffenheit, das heisst zum Beispiel das Leiden an einer bestimmten Krankheit, das aufschreckende Moment für die Wahl einer Institution ist. Gesundheitsligen hätten also im Prinzip den grossen Vorteil, dass es viele Betroffene gibt, von denen sie berücksichtigt würden. Die kritische Durchsicht der Legatsempfänger zeigt indes, dass sich diese Auffassung in der Praxis nicht bestätigt. Denn Institutionen wie die Berghilfe, wie WWF, Greenpeace, die Schweizerische Stiftung für das cerebral gelähmte Kind erzielen die grössten Einnahmen aus Legaten. Nicht erstaunlich ist auch, dass das Schweizeri-

Die am meisten Begünstigten

sche Rote Kreuz zu den Grossempfängern gehört. Viele Legate nimmt auch Emmaus, die Aussätzigenhilfe, ein. Unter den Gesundheitsligen hatte bisher einzig und allein die Krebsliga einen grösseren Erfolg in Bezug auf Legate. Die eigene Betroffenheit ist also zwar ein wichtiges, aber nicht das einzige Kriterium.

Zu untersuchen wäre in diesem Zusammenhang die Bedeutung der Kirchen und der Missionswerke auf Legatspender. Anzunehmen ist, dass vor dem Auftreten der übrigen Institutionen im öffentlichen Wohl im Sinne eines aktiven Fundraising die Missionswerke wohl die bekanntesten und beliebtesten Destinatäre von Legaten waren. Die Annahme ist aber wohl richtig, dass heute Legate nicht mehr im gleichen Umfang für kirchliche Werke ausgesetzt werden. Ist es so, dass mit dem Rückgang einer positiven Einstellung zu den Kirchen und ihren Aktivitäten auch der Wille zurückgegangen ist, kirchliche Werke durch Legate zu unterstützen? Eigentlich müssten die Kirchen durch ihre auf das Leben nach dem Tod gerichtete Tätigkeit für Begünstigungen über den Tod hinaus prädestiniert sein. Als Gründe dafür, dass dem heute nicht mehr so ist, nennen wir das Abflauen der Ablasspromotion, die Konstituierung der Kirchen als Landeskirchen mit Steuerhoheit (Verstaatlichung), die breite Säkularisierung unserer Gesellschaft, die Übernahme früherer kirchlicher Sekundäraktivitäten (Schule, Armenwesen, Gesundheitswesen, Pilgerwesen/Tourismus) durch Staat und private Organisationen, das politische und soziale Verhalten der Amtskirche und weitere Faktoren.

Und die kirchlichen Institutionen?

Interessant ist die Frage in diesem Zusammenhang, ob und in welchem Masse Promotionsaktivitäten für Legate für einen Erfolg auf diesem Gebiet ausschlaggebend sind. Eine vor ein paar Jahren durchgeführte Umfrage hat gezeigt, dass es Institutionen gibt, die keine Propaganda für ein Legat im Sinne einer Legatswerbung machen und dennoch schöne Erfolge zeitigen, wie die Berghilfe und die Stiftung Cerebral. Auf der anderen Seite haben sich einzelne Werke spezifische Möglichkeiten neu erschlossen, durch erhöhte

Was bringt Legatspromotion?

Aktivität den Zugang zu Legaten gezielt zu erhöhen. Hier wären das Rote Kreuz und der WWF zu nennen. Wenn die Aussage stimmt, dass einzelne Werke ohne erhöhte Promotionsaktivität dennoch schöne Legatserfolge zeitigen können, so muss ein wichtiger Teil des Grundes, warum Institutionen im öffentlichen Wohl bevorzugt werden, ausserhalb der Aktivität der Legatspromotion liegen.

Schlüsselgrösse Vertrauen

Die Gründe mögen wohl vereinfachend zusammengefasst werden im Ausdruck Vertrauen. Um Geld in grösserem Masse jemandem zu übermitteln, braucht es Vertrauen. Es stellt sich also die Frage nach vertrauensbildenden Massnahmen. Die vertrauensbildenden Massnahmen situieren sich im Rahmen der üblichen Fundraising-Aktivitäten. Es geht also um die Frage, wie Briefe verfasst werden, wie aggressiv geworben wird, wie die Organisation auf Reklamationen eingeht, ob verdankt wird oder nicht, wie oft man pro Jahr einen Gönnerbrief aussendet, ob ein persönlicher Kontakt zwischen Fundraiser und Gönner möglich ist. Vertrauensbildend für den Gönner wirken Wahrnehmungen wie diejenige, ob der Fundraiser in seinen Aktivitäten die Wahrheit spricht, ob er nicht übertreibt, sich an sein Wort hält und ob die Aussendungen, die er erhält, von hoher Qualität und Gehalt sind.

Qualität oder Perfektion?

Ein kritisches Wort muss hier noch in Bezug auf die Perfektion von Aussendungen geäussert werden. Die möglichst perfekte Marketing-Aussendungen mit entsprechendem Design und Wording ist nur eine Anforderung bzw. Empfehlung. Mindestens ebenso wichtig bzw. Erfolg versprechend ist es unserer Auffassung nach, wenn der Fundraiser in seinen Briefen und in dem, was er von sich hören lässt, sein Herz sprechen lässt, mit anderen Worten also emotional involviert ist. Nicht marketingmässige Perfektion bestimmt nämlich in erster Linie den Fundraising-Erfolg sowie den Return auf Gönnerbriefe, sondern das kommunizierte emotionale Involvement ist ausschlaggebend für den Aufbau einer persönlichen Bindung, und spielt für den Aufbau des Vertrauens eine zentrale Rolle.

Es ist wesentlich, ob der Legatsinteressent sich beraten lässt und welche Beratung er erhält, wenn er eine solche verlangt. Es geht dabei um das weite Feld der adäquaten Bearbeitung von Anfragen. Es gilt, dem Gönner Legatsmöglichkeiten aufzuzeigen werden, die seinen finanziellen Möglichkeiten und Vorstellungen entsprechen. Ferner sollte bei der Definition des Legatsinhaltes darauf geachtet werden, dass die persönlichen Präferenzen des Gönners berücksichtigt werden. Dies ist besonders wichtig, wenn für einen grösseren Betrag ein Projekt ausgearbeitet werden soll, das den innersten Wünschen und Vorstellungen des Gönners entspricht. Der Fundraiser muss schauen, dass er den Vorstellungen und Visionen des Gönners entgegenkommt, andererseits die Grenzen seiner Institution nicht sprengt und das Geld, wenn es einmal kommt, sinnvoll anlegen kann.

Der Gönner ist König!

3 Institutionen im öffentlichen Wohl

Gegenwärtige und zukünftige Bedeutung der Legatsuche

Die Mittelbeschaffung im Legatsbereich hat sich in den deutschsprachigen Ländern erst in den letzten 10 Jahren zu einem spezialisierten Tätigkeitsfeld und Wissensgebiet herausgebildet. In den Anfängen realisierten die Institutionen im öffentlichen Wohl ihre Einnahmen durch Haus-zu-Haus-Aktionen, Strassenverkäufe und unadressierte Briefe. Ende der 60er Jahre erlaubte die Technik den Versand von adressierten Gönnerbriefen, eine Technik, die in den vergangenen Jahren zunehmend perfektioniert wurde. Die Zusammenarbeit mit Stiftungen und mit Unternehmungen im Sinne des Sponsoring wurde intensiviert. Zugleich begannen vor allem grosse Institutionen, ihre Möglichkeiten in Bezug auf eine aktive Legatsuche abzuklären und zu überdenken. Schrittweise kristallisierte sich eine erhöhte Aktivität auf diesem Gebiet heraus.

Legatsuche kann als solche nicht allein betrieben werden. Es braucht Adressen, und am aussichtsreichsten ist sie bei Menschen, zu denen man zuvor eine tragfähige Beziehung aufgebaut hat. Die Grundlage ist also im Normalfall ein Direct-mail-Programm, das Erfolg versprechend ist, und vor allem ein persönlicher Kontakt mit Gönnern, die im Sinne des Personal-asking betreut und beraten werden.

Legatsuche als Teil des Fundraisings

Von der Schweiz wissen wir, dass heute im Durchschnitt rund 17 Prozent aller Spendeneinnahmen aus Legaten stammen. Typisch für die Legatserträge ist, dass sie nicht planbar sind. Sie fliessen unregelmässig und in sehr unterschiedlicher Höhe, vom Anteil an einer überschuldeten Erbschaft bis zum plötzlichen Zufluss in Millionenhöhe. Damit sind der Möglichkeit ihrer Budgetierung enge

Grenzen gesetzt. Legatsuche ist aber kostengünstig: Man spricht allgemein von fünf Prozent Kostenaufwand, was praktisch heisst, dass Institutionen durch Unterstützung der Legatsuche ihren Durchschnittskostensatz für Fundraising erheblich niedriger gestalten können.

Aufwand

Die Legatsuche kann nicht einfach so nebenbei betrieben werden. Nicht eine Abteilung, aber mindestens eine mitarbeitende Person und ihre Stellvertreterin, müssen sich die nötigen Kenntnisse aneignen sowie Zeit und Mittel zur Verfügung haben, um alle Legat bezüglichen Fragen der Organisation selber und von Seiten der Gönner zeitgerecht, korrekt und überzeugend zu beantworten.

spezielle Grundsätze

Die Legatsuche kann demnach als ein zusätzlicher Schritt in der Entwicklung von Fundraising-Methoden gesehen werden. Im Gegensatz zum Direct-mail ist die Legatsuche eine Methode,
- die sich mit Einzelnen befasst;
- bei der auf individuelle und sehr persönliche Bedürfnisse absolute Rücksicht zu nehmen ist;
- bei der die Grundsätze des Marketings nur sehr bedingt anwendbar sind;
- bei der die persönliche Ansprache und Beziehungspflege von Bedeutung ist;
- bei der langfristiges Denken notwendig ist. Massensendungen, das Warten auf einen unmittelbaren Erfolg im Sinne eines Returns, sind der Legatsuche fremd. An ihre Stelle tritt warten, sinnvoll warten, begleiten, motivieren und langfristig umsorgen;
- bei der dann auch die Zeit vom Abschluss bis zum Todesfall und dem effektiven Mittelzufluss lang werden kann.

Nicht jeder muss Legatsuche betreiben

Die Einsicht, dass etwas Besonderes für die Legate unternommen werden sollte, ist nicht generell anwendbar. Es gibt auch heute bedeutende Werke, die sich bewusst auf eine optimale Betreuung ihrer Gönner zu Lebzeiten beschränken und so versuchen, im Sinne der Integration Menschen zu motivieren, Legate einzusetzen, ohne dass besondere Massnahmen wie Legatsbüchlein oder Legatsbriefe dafür vorgesehen sind. Wenn ein Werk auch heute, in der Zeit einer stark perfektionierten, methodenhaft kristallisierten Fundraising-Welt, Gönner immer noch persönlich behandeln und ihnen ein Gefühl der Nähe vermitteln kann, hat sich diese Methode bewährt. Es ist also nicht so, dass aktive Massnahmen auf dem Gebiet der Legatsuche in jedem Falle zweckmässig und allein erfolgversprechend wären.

Grundsätzliche Aspekte der Testamentspromotion

Sich um Testamente zu bemühen, ist ein langfristiges Anliegen. Alle, die sich mit dieser Materie befassen, wissen aus Erfahrung, dass potentielle Interessenten nicht unmittelbar auf die Einladung antworten, ein Testament auszustellen oder ein Legat zu errichten. Normalerweise rechnet man mit einer Zeit von drei bis sieben Jahren zwischen dem Beginn einer Aktion und dem Eintreffen eines Legats. Die Überlegungszeit, die ein Mensch braucht, bevor er seine letzten Dinge ordnet, ist auf mindestens Monate, wenn nicht Jahre, zu veranschlagen. Der Fundraiser muss also seine Massnahmen so aufbauen, dass sie nicht auf kurzfristige Erträge ausgerichtet sind. Dies ist im Gegensatz zu den Aktionen für Direct-mail und für Sponsoring zu sehen. Wenn dort ein Gönner oder ein Adressat innert drei Monaten nicht antwortet, ist anzunehmen, dass er sich nicht interessiert. Dieser Schluss ist für die Testamentspromotion nicht richtig. Der Fundraiser muss warten können, geduldig sein und darf in einer so privaten und wichtigen Entscheidung wie die Testamenterstellung nicht drängen.

Eine Geduldprüfung

Im Gegensatz zu den anderen Fundraising-Methoden befasst sich die Testamentspromotion mit einem Gedankengut, dessen Umsetzung juristisch an feste Regeln gebunden ist. Der Fundraiser wird sich also mit dem nötigen Rüstzeug versehen, muss sich aber darüber im Klaren sein, dass es nicht angängig und gar riskant ist, ohne die entsprechende Berufsausbildung und Erfahrung in diesem speziellen Rechtsgebiet juristische Ratschläge zu geben. Er kann wohl auf die Notwendigkeit eines Testamentes und die

Ein gesetzlicher Rahmen

Vorteile gegenüber der gesetzlichen Regelung aufmerksam machen, genauso wie er die Ausgestaltung eines Legates einem Gönner vorschlagen kann. Er sollte und darf aber nicht beurteilen, ob ein konkretes Testament juristisch richtig ist. Er würde damit seine Kompetenzen überschreiten bzw. könnte dafür nicht die Verantwortung übernehmen. Im Ergebnis führt das zu einer Rollenaufteilung zwischen dem Fundraiser einerseits, welcher sich auf die Testamentspromotion und die Promotion seiner Institution beschränkt, und andererseits dem Fachberater, dessen Spezialität die sachlich optimale Rechtsgestaltung und die formell richtige Abfassung ist.

Die juristische Fachperson

Damit ist schon gesagt, dass für die Testamentspromotion eine enge Zusammenarbeit mit Fachpersonen notwendig ist. Es ist ratsam, dass der Fundraiser beim Testamentsinteressenten dafür eintritt, einen Fachmann beizuziehen, sobald es sich um schwierigere Vermögensverhältnisse oder Wünsche handelt. Andererseits ist es aber auch ratsam, dass die Fachperson über die Zielsetzungen und Strategie, die Struktur und die Abläufe sowie weitestmöglich über die konkreten Projekte und Massnahmen des Sammelwerkes im Bilde ist.

Die Nachbetreuung

Das Testament und das darin enthaltene Legat ist gleichsam das Abschiedsgeschenk des Gönners. Er tritt mit seiner Verwirklichung aus der Reihe jener aus, mit deren Sympathie und Liebe man während Jahren rechnen konnte. Von grundsätzlicher Bedeutung und von konkretem Vorteil ist es, dass das Sammelwerk erfährt, dass ein Testament mit einem Legat zu seinen Gunsten erstellt wurde. So kann die Institution dem Legatspender nicht nur danken, sondern ihn auch bis zu seinem Ableben in die Massnahmen eines engen Kreises einbeziehen. Er sollte im eigentlichen Sinn Mitglied der Familie des Sammelwerkes sein.

Synergien

Die Testamentspromotion ist mit den allgemeinen Fundraising-Aktivitäten abzustimmen. Eine Möglichkeit besteht namentlich mit dem Direct-mail, durch das Gönner auf die Möglichkeit des Bezuges einer Informationsschrift über Legate aufmerksam gemacht werden können. Nahe verwandt ist die Promotion des Testamentes mit dem persönlichen Bitten. Der Kontakt des Sammelwerkes wird zu einer persönlichen Beziehung. Wenn eine solche vorbesteht, ist sie natürlich besonders geeignet, den Gedanken des Testamentes und eines Legates an den Gönner herranzutragen und ihn entsprechend zu motivieren.

Es wäre grundsätzlich zu überlegen, ob für die Sammelwerke nicht ein gemeinsamer Handlungsbedarf auf dem Gebiet der Testamentspromotion besteht. Gemeinsame Aktionen könnten breitgestreute Massnahmen umfassen, welche der Bevölkerung bewusst machen, wie notwendig das Abfassen eines Testamentes ist. Ferner liesse sich auf politischer Ebene denken, dass sich die Sammelwerke für die Änderung des Erbrechtes einsetzen im Sinne einer Verkleinerung der Pflichtteile. Für die Fachverbände der Fundraiser ergibt sich auf dem Gebiet der Testamentspromotion ein weites Feld der Weiterbildung ihrer Mitglieder.

Brancheninteressen

Legatspolitik als Teil der Unternehmenspolitik

Die Einnahmen aus Legaten machen durchschnittlich 17 Prozent der Gesamteinnahmen des Sammelwerkes aus. Das bedeutet, dass die Legatsuche über die ganze Branche betrachtet nach dem Direct-mail die wichtigste Einnahmequelle der gemeinnützigen Institutionen ist und damit bedeutungsvoller als Sponsoring und Events. Die praktische Folgerung aus dieser Tatsache besteht darin, dass für diese Methode die nötigen Mittel zur Verfügung stehen müssen. Es geht hier um die Planung von langfristiger Investitionen sowie die Vorbereitung, Durchführung und Kontrolle der Massnahmen. Im Gegensatz zu den übrigen Fundraising-Methoden muss bei der Legatsuche der langfristige Gesichtspunkt berücksichtigt werden. So können Briefaktionen im Sinne des Direct-mail nach drei Monaten als abgeschlossen betrachtet werden, und Special Events brauchen noch weniger Zeit. Bei der Legatsuche aber muss vom Beginn der Aktion bis zum Eintreffen von Legaten mit einem Zeitraum von zirka sieben Jahren gerechnet werden.

Ressourcenplanung

Erfolgskontrolle

personelle Ressourcen

Für die Planung der Aktionen, namentlich aber die Kontaktnahme mit möglichen Interessenten, braucht es Mitarbeitende, welche die Problematik der Testamentspromotion und der Legate kennen und die psychologische Eignung für diese schwierige Aufgabe aufweisen. Die adäquate Vorgehensweise ist nicht notwendigerweise in eine separate Abteilung für Fundraising durch Legate zu konzentrieren. Und es kann nicht als sinnvoll bezeichnet werden, wenn Aufgaben des Fundraising durch Direct-mail nur deshalb als dringender und wichtiger bzw. notwendiger betrachtet werden, weil sie kürzerfristigen Ertrag versprechen.

Einnahmen – Erwartungen

Falls der gegenwärtige Trend der Zunahme der Legatseinnahmen und der weiteren Stagnation der totalen Spendeneinnahmen anhält, ist vorauszusehen, dass in wenigen Jahren 25 bis 30 Prozent der Gesamteinnahmen aus Legaten kommen. Es gibt aber auch in der Schweiz Sammelwerke, deren Netto-Einnahmen aus Erbschaften und Legaten diejenigen aus Mailings bereits kurzfristig überholt haben. Für die Sammelwerke gilt es, diese Entwicklung vorauszusehen und sich entsprechend zu organisieren.

Es ist bekanntlich schwierig, Legatseinnahmen richtig zu budgetieren. Wir können weder die Zahl der Legate pro Jahr noch deren Höhe voraussehen. Trotzdem spielen die Legatseinnahmen in der Betriebsrechnung eine grosse Rolle. Im Durchschnitt gesehen ist deren Kostenaufwand nämlich bedeutend kleiner als derjenige für Direct-mail, Sponsoring und Events. Diese Kosten könnten in Zukunft noch substantiell beeinflusst werden, wenn sich Werke zu einer Gemeinschaftsaktion in der allgemeinen Testamentspromotion durchringen könnten. Es ist anzunehmen, dass dies in Zukunft von grösserer Bedeutung sein wird, namentlich in Zusammenarbeit mit den Massenmedien.

Legate eröffnen Visionen

Es ist von zentraler Wichtigkeit, dass Gönner und andere Interessierte wissen, wie bedeutungsvoll Legate für ein Sammelwerk sind: bedeutungsvoll in ihrem Betrag, bedeutungsvoll in ihrer Verwendung und bedeutungsvoll in ihrer Möglichkeit der Zukunftsbewältigung. Dank Legaten kann ein Sammelwerk über sich hinaus wachsen. Es kann Dinge realisieren, die nicht im Alltäglichen liegen. Es kann Visionen angehen, welche die Zukunft verändern. Dazu ist wichtig, dass man auch das Konzept der aktiven Legatsuche an die Gönner und an weitere Interessenten heranträgt. Damit kommt ein wichtiger Teil der Legatspolitik zur Sprache. Ein Legat, das als Zustupf für die Budgetausgaben verwendet wird, unterscheidet sich grundlegend von demjenigen, das für etwas Visionäres Verwendung findet. Die legatsuchende Institution wird sich überlegen, was sie bei Erhalt von Legaten mit diesen realisieren will. Sie wird Projekte ausarbeiten, welche die Zukunft beeinflussen. Sie wird versuchen, etwas nicht Alltägliches, Besonderes auszuarbeiten, das Gönner und Interessenten begeistern kann.

Ein besonderes Kapitel ist die Dankbarkeit des Sammelwerkes gegenüber Legatspendern. Die Institution wird es sehr gerne erfahren, wenn ein Legat zu ihren Gunsten ausgestellt wurde, und zwar vor dem Tod des Legatspenders. Sie wird eine würdige Form des Dankes finden. Sie wird den Gönner begleiten in seinen verbleibenden Lebensjahren, und sie wird an ihn denken, auch wenn er gestorben ist.

Neue Formen des Dankens

Es ist ein schöner Brauch, wenn in einem Sammelwerk eine Wand mit den Namen von verstorbenen Gönnern aufgestellt wird.

Die Testamentspromotion und die Legatsuche verpflichten das Sammelwerk zu ethisch begründeten Handlungen. Sie sind insofern auch Teil der Unternehmenskultur.

Die Bedeutung der Unterstützung durch das Management, die Mitarbeitenden, die Mitglieder und Freiwilligen

Manche Menschen neigen zur Ansicht, es sei nicht angezeigt, dass Wohlfahrtsunternehmungen sich aktiv für Legate interessieren. Sie meinen, der Tod und der letzte Wille seien Dinge, die zur Intimsphäre eines Menschen gehören, an die man nicht rühren und für welche Aussenstehende sich nicht interessieren sollten. Vorstand und Geschäftsleitung sollten offen über das Problem sprechen, ob sie die

Unternehmenskultur

Aktion der aktiven Legatsuche innerlich bejahen und öffentlich zu ihr stehen können, denn ihr Erfolg wird nicht zuletzt auch von der Identifikation der Mitarbeitenden (inklusive Fundraiser) mit dem Massnahmenpaket abhängen. Es braucht einen firmenspezifischen Stil des Erstkontaktes und des weiteren Vorgehens, die Nutzung persönlicher Beziehungsnetze – alles Elemente einer bewussten Unternehmenskultur. Es muss dabei klar gesagt werden, dass es sich hierbei nicht um das Klappern mit dem Sargdeckel handelt, sondern um eine Aktion, die eines guten Sammelwerkes durchaus würdig ist, wenn man offen zu ihr zu stehen bereit ist. Dabei ist klar, dass man von aggressiven Methoden, von einem allzu direkten Vorgehen Abstand nimmt und so Gegner und Kritiker besänftigen kann. In einigen Sammelwerken hat es sich bewährt, dass auch den Mitarbeitenden und weiteren Mitgliedern der Organe ernstlich ans Herz gelegt wird, für sich selber ein Testament abzuschliessen, um persönlich zu erleben, mit welchen intimen Fragen und Problemen man sich selbst auseinandersetzt, bis man seinen letzten Willen in Worte gekleidet und aufs Papier gebracht hat. Von der mehr oder weniger ausdrücklichen Bitte der Institution um ein Legat ihrer Mitarbeitenden ist indes eher abzusehen. Da bei der Legatsuche die persönliche Empfehlung von grosser Bedeutung ist, kommt der persönlichen Einstellung von Leitung und Mitarbeitern ein enormer Stellenwert zu.

persönliche Erfahrung der Angehörigen der Institution

Das Gleiche gilt namentlich auch für freiwillige Helfer und in einem weiteren Sinne ebenfalls für Mitglieder. Schön wäre es, wenn sie ihrerseits Botschafter einer aktiven Legatsuche würden, die in ihrem Freundes- und Bekanntenkreis für die Testamentsidee Propaganda machen würden. Das könnte man sich beispielsweise so vorstellen, dass man die Frage stellt, ob jemand an einem Legatsbüchlein Interesse hat, welches die Problematik des Testaments und der Legatsuche darlegt.

Die einheitlich positive Haltung aller Mitwirkenden in der Institution zur Legatsuche ist eine wichtige Voraussetzung für deren Erfolg. Dass diese Voraussetzung in erster

Linie für den Fundraiser gelten muss, ist selbstverständlich. Er muss daran glauben, dass sein Werk zu Recht Testamente empfiehlt und sich für Legate einsetzt. Er muss seine inneren Hemmungen überwinden, wenn es darum geht, Menschen in einer Sache zu motivieren, von der man sonst im Allgemeinen kaum spricht.

Was kann die Institution dem Legatspender bieten?

Im Prinzip kann die Institution dem Legatsspender keine eigene Gegenleistung anbieten. Ihre Aufgabe ist tatsächlich ja nicht die Erfreuung ihrer Gönner, sondern der statutarische Zweck, und für diesen spenden die Gönner. Das Legat ist seinem Wesen nach ein reines Geschenk an das Sammelwerk, also definitionsgemäss eine einseitige Leistung. Die Frage, welche Mittel der hehre Zweck der Institution und ein allenfalls höherer Geldzufluss rechtfertigen, haben sich die Leitungsorgane der Institution im Sinne einer «rollenden» Strategieerarbeitung und -überprüfung ohnehin immer wieder zu stellen und zu beantworten. Keine Gegenleistung für Legate

Wie weit gehen?

Der «Nutzen», den ein Legatsspender aus seinem Tun schöpfen kann, wird vor allem in seiner Person selbst zu suchen sein. Die Befriedigung, etwas Gutes zu tun, ist sicher die Basis und Entschädigung jeder Spende. Einen substantiellen Beitrag für den Kampf gegen die Armut, für Kranke, Invalide, Kinder, Alte, für die Natur oder für die Entwicklungshilfe zu spenden, entspricht dem Wunsch vieler Menschen.

Vielfach denkt sich der Legatspender, der zeitlebens einem Werk durch Beiträge geholfen hat, dass seine Hilfe nach seinem Tod wegfallen wird. Mit dem Legat nun geht diese Hilfe weiter. Das Legat gestattet also, dass auch nach seinem Tod Gutes getan wird, wie er es immer getan hat. Es ist die Fortführung des Lebenswerkes über das Ende des eigenen Lebens hinaus. Der Legatär muss sich dafür aber, im Gegensatz zu seinen Beiträgen zu Lebzeiten, in keiner Art und Weise einschränken.

Fortführung des Lebenswerkes

Von grundlegender Bedeutung ist die Verwendung des Geldes. Besonders motivierend ist es für den Legatspender, wenn Legate nicht einfach in die Jahresrechnung einfliessen, sondern für etwas Besonderes, etwas Einmaliges verwendet werden. Dies wird insbesondere der Fall sein, wenn die Begünstigung in einem Projekt, einem Fonds oder einer Stiftung, welche seinen Namen trägt, zum Ausdruck kommt. Andererseits gestattet die Begünstigung dem Sammelwerk, dass es gleichsam über sich hinaus wächst und Vorhaben an die Hand nimmt, die im Rahmen des üblichen Budgets nicht möglich wären.

ein grosses Werk

Falls der Legatspender seinem bevorzugten Sammelwerk mitteilt, dass er ein Legat ausgesetzt hat, wird dieses seine Dankbarkeit in angepasster Weise kundtun. Mit einem Dankesbrief ist es nicht getan. Der Legatspender sollte eingeladen werden, das Werk zu besuchen. Er sollte auf dem Laufenden gehalten werden über alle wichtigen Vorfälle im Rahmen des Sammelwerkes. Kurz, er sollte als Teil der Familie betrachtet werden.

Interessant für den Legatspender sind Investitionen in Projekte. Hier kann im Einzelnen aufgezeigt werden, was erreicht werden soll, mit welchen Mitteln vorgegangen wird, welche Etappen vorgesehen und welche Kontrollen möglich sind. Bei ganz hohen Beträgen können auch Projekte den besonderen Wünschen des Legatspenders angepasst werden. Damit kann sich dieser mit seiner Spende identifizieren.

ein ehrendes Andenken

Viele Legatspender nehmen an und hoffen, dass das begünstigte Sammelwerk nach seinem Tod Massnahmen treffe, die sein Andenken ehren. Einzelne Institutionen haben zum Andenken an verstorbene Legatspender Erinnerungstafeln in Empfangsräumen eingerichtet, andere führen ein «Goldenes Buch der Legatspender». All dies soll kundtun, dass die Organisation ein Legat erhalten hat, dass sie dafür in besonderem Masse dankbar ist und dass sie dafür eine adäquate Verwendung gefunden hat.

Die Ethik der Legatsuche

Um ein Legat zugunsten einer Institution auszusetzen, braucht es Vertrauen. Es gilt also, alle vertrauensfördernden Elemente einzusetzen und zugleich alles dafür zu tun, dass dieses Vertrauen nicht strapaziert, gefährdet oder gar zerstört wird. *Vertrauen*

Die grösste Gefahr für das Vertrauen ist sicher, dass die Legatsuche allzu forsch oder gar aggressiv betrieben wird. Der Adressat der Werbemassnahmen kann den Eindruck erhalten, er werde gleich autoritativ aufgefordert, ein Legat auszusetzen, oder der Fundraiser glaube, er habe gleichsam ein Recht auf ein Legat. *Behutsamkeit*

Um eine erfolgreiche Legatsuche zu betreiben, muss der Fundraiser die Wahrung der Freiheit des Menschen das oberstes Postulat aller seiner Aktionen setzen. Er darf also nichts unternehmen, was diese Freiheit irgendwie in negativem Sinne tangiert. Jedwelche Formulierungen, die auch nur im Leisesten einen Zwang andeuten, müssen unterbleiben. Aber auch jede Argumentation, welche Angst oder Schuldgefühle voraussetzt, erzeugt oder ausnutzt, ist nicht nur langfristig wenig Erfolg versprechend, sondern vor allem auch nicht statthaft. *Achtung*

Vertrauen baut man auf, indem man die Wahrheit sagt. Der Fundraiser darf sich nicht auf Übertreibung und Schönfärberei einlassen. Er muss in seinen Aussagen offen und klar sein. *Wahrhaftigkeit*

Zum Vertrauen gehört auch das Halten des Wortes. Versprechen, die dem Legatsinteressenten gemacht werden, müssen eins zu eins eingehalten werden. Wenn man etwas nicht sicher einhalten kann, so darf man es auch nicht versprechen. *Versprechen*

Zum Vertrauen gehört auch eine hohe Qualität der Massnahmen, die im Rahmen der Legatspromotion getroffen werden. *Qualität*

Zur Ethik gehört bei der Legatsuche im Weiteren, dass bei der Testamentserstellung jedenfalls dort, wo schwierigere Verhältnisse existieren, Fachpersonen zugezogen werden. Die Gefahr von Formfehlern ist bereits bei einfachen Testamenten real. Bei der inhaltlichen Ausgestaltung sehr einfacher Regelungen soll sich der Fundraiser erst recht zurückhalten, in Fragen des Rechts Ratschläge zu geben. Sein Aktionsfeld und seine Stärke ist die Motivierung, ein Testament zu verfassen, die Beratung des Interessenten zu Fragen, welche seine Institution betreffen und die Betreuung vor und nach der Abfassung des Testamentes.

Uneigennutz

Zur allgemeinen Ethik des Fundraisers gehört es, keinen Teil des Legates für sich selber in Anspruch zu nehmen. Eine Entschädigung von Fundraisern in Abhängigkeit von der Zahl oder Höhe der akquirierten Legate widerspricht den Standesregeln der Fundraiser. Auch den von einer gemeinnützigen Institution beigezogenen oder empfohlenen Fachpersonen (Anwälten, Notaren, etc.) steht es gut an, die in ihren Honorarordnungen vorgesehenen Zuschläge nach Interessewert nicht auszuschöpfen.

«Liebe Deinen Gönner!?»

In Amerika gilt es als ethisch falsch, wenn ein Fundraiser Liebe und Freundschaft gegenüber dem Legatspender entwickelt und einsetzt, um zu einem guten Abschluss zu kommen. Es wird dort eindeutig gefordert, dass die Beziehungen zu Legatspendern kühl-professioneller Art sein sollten. Wie weit diese innere Einstellung auch vom europäischen Legatspender geschätzt wird, bleibt dahingestellt. Es bestehen Indizien dafür, dass der Testator zum Mindesten das eigene persönliche Engagement des Fundraisers für die Zielsetzungen der Institution und das warme Aufgenommenwerden in den gehobenen Kreis der Legatspender erwartet, und dass er nicht zuletzt dadurch Vertrauen fasst und sich motivieren lässt.

Sprache des Legatsuchers

Der professionelle Fundraiser legt viel Wert darauf, das Temperament und Einstellung des Interessenten zu analysieren, um damit zur Entscheidung zu gelangen, ob eine offene oder aber sehr diskrete Art des Sprechens über den Tod und dessen finanzielle Folgen angebracht ist. Der Fundraiser soll familiäre und andere Prioritäten des Legatspenders unbedingt anerkennen. Und schliesslich soll er konkurrierende Sammelwerke beim Legatspender nicht abwerten.

4 Der Fundraiser

Die Aufgaben des Fundraisers in der Testamentspromotion und Legatsuche

Sosehr der Grundsatz gelten soll, dass alle Mitarbeitenden und die Leitungsgremien eines Sammelwerkes an der Testamentspromotion und der Legatsuche teilhaben sollen, sosehr muss die Verantwortung für Planung und Ausführung einer bestimmten Stelle zukommen. Ob dabei eine Abteilung für Erbschaftsmarketing, eine Vollzeit- oder eine Teilzeitstelle in Frage kommt, ist eigentlich unwichtig. Von Bedeutung ist, dass die Verantwortlichkeit für eine kohärente Legatsuche klar ist.

Die Ausarbeitung eines Konzeptes

Für den Fundraiser ist es wesentlich, dass ein ausgearbeitetes und schriftlich niedergelegtes Konzept vorliegt. Dieses Konzept ist durch die Geschäftsleitung zu diskutieren und als verbindlich zu erklären. Im Konzept muss zum einen die generelle Zielsetzung bestimmt werden. Hier geht es darum darzulegen, welchen Stellenwert die Testamentspromotion und die Legatsuche im Rahmen der übrigen Fundraising-Methoden besitzt, und welche Rahmenbedingungen, auch zur Wahrung des guten Rufes der Institution, einzuhalten sind. Es ist festzulegen, welche konkreten messbaren Ziele in Bezug auf die Legatseingänge langfristig angestrebt werden. Das Konzept beinhaltet ferner, welche Ressourcen und Kompetenzen dem Legatsuchenden anvertraut werden. Es besagt, welche Instrumente einzusetzen sind, wie weit die Beratung und Betreuung durch den Fundraiser gehen soll, inwiefern aussenstehende Promotoren, Fachpersonen, freiwillige Helfer und Mitglieder einbezogen

Analyse ist notwendig

werden. Das Konzept behandelt auch Fragen wie beispielsweise diejenige der Abgrenzungen und der Abstimmung mit anderen Fundraising-Massnahmen oder sonstigen bestehenden Strukturen sowie diejenige der Erfolgsbemessungskriterien und der Kontrollmechanismen.

Die Handlungsgrundprinzipien

<small>Planung</small>

Die Handlungsgrundprinzipien, wie sie im Konzept niedergelegt sind, fliessen in die allgemeine Planung und die Kostenplanung ein. Es geht darum festzulegen, was innert ein oder zwei Jahren an Aktionen vorgesehen ist. Wer soll im Sinne einer Testamentspromotion in welcher Art und Weise kontaktiert werden? Wem soll ein schriftlicher Text ausgehändigt werden? Wann soll ein mündlicher Kontakt mit Interessenten gesucht werden? Wem soll eine Legatsberatung zukommen? Von besonderer Bedeutung ist hier die Koordination mit den Aktionen der übrigen Fundraising-Methoden. Wie kann die Legatsuche von den Direct-mail-Aktionen profitieren? Welche Medien kommen als Träger der Legatsbotschaft in Frage? Wie können sie angegangen werden?

*Das Management der Legatsuche
im täglichen Arbeitsablauf*

<small>zielbewusstes Handeln</small>

Eine voll ausgebaute Testamentspromotion und Legatsuche braucht Zeit. Typisch für die Zeitinvestition ist die Ungewissheit über den Aktionserfolg bis zum Abschluss, das heisst bis zur Mitteilung, dass ein Legat ausgesetzt wurde. Trotzdem ist es aber wichtig, dass der Legatsinteressent den Eindruck bekommt, der Fundraiser sei durchgehend für ihn da.

<small>Initiative des Gönners</small>

Die Anfragen für eine Legatsberatung kommen meist nicht ausdrücklich, sondern versteckt, fast schüchtern.

Der Interessent weiss anfangs meist selbst noch nicht so genau, was er will. Er kann sich über den Umfang und den Erfolg einer Beratung kein Bild machen. Wenn ihm nun der Fundraiser entgegentritt und ihm zeigt, dass er seine Sorgen und Anregungen ernst nimmt, so ergibt sich meist ein Erfolg.

Möglichkeiten und Grenzen der Einflussnahme

Die Verwendung eines Vermögens beim Hinschied und die Begünstigung von Personen oder Institutionen gehören nach hiesigem Verständnis noch heute zur Intimsphäre des Menschen. Dies zu verändern wird ohnehin lange dauern, und generell stellt sich die Frage, ob eine solche Veränderung der Intimsphäre überhaupt anzustreben sei. Sie ist für viele Menschen weitgehend tabu und einer Besprechung nicht zugänglich. Wenn man sich dennoch an dieses Gebiet heranwagt, so muss dies mit äusserster Vorsicht, Behutsamkeit und Feingefühl, mit einem wachen Interessen für die Reaktionen des Gesprächspartners geschehen. Gelingt das nicht, so besteht die Gefahr, dass man ihn verletzt, dass man ihn entgegen seinem Willen mit Tatsachen und Forderungen konfrontiert, deren Wahrscheinlichkeit er nicht wahrhaben will. Das sachte Vorgehen, das Wartenkönnen, die erhöhte Sensibilität sind also Merkmale einer guten Aktion durch den Fundraiser. Es gibt aber auch Erblasser, welche ein klares offenes Wort schätzen. *Tabus*

Voraussetzung für ein gutes Vorgehen ist die Einsicht, wie schwierig es für einen potentiellen Legatsinteressenten sein kann, sich mit der Notwendigkeit des Ordnens seiner letzten Dinge auseinander zu setzen. Um dem Rechnung zu tragen, ist es ausserdem notwendig, dass der Fundraiser selber ein Testament ausgestellt hat und dass er seiner näheren Umgebung empfiehlt, das Gleiche zu tun. Nur so kann er ermessen, was es für den Einzelnen bedeutet, den oft langen und belastenden Weg bis zur Niederschrift des letzten Willens zu gehen. *Verdrängungen* *Verständnis*

Um zu etwas Wichtigem «Ja» zu sagen, braucht es Einsicht. Der Fundraiser wird also darum kämpfen, dass seine Argumente zugunsten eines Testamentes und eines Legats logisch absolut einwandfrei sind. Er wird mit relativ einfachen Worten das Problem so darstellen, wie es wirklich ist. Dies ist besonders wichtig für Dokumente wie Legatsbüchlein oder Legatsbriefe. Es ist wahrscheinlich leichter, in mündlicher Argumentation die Notwendigkeit des Tätigwerdens auf diesem Gebiet darzustellen. *Verständlichkeit*

Realismus

Jeder Mensch weiss zwar genau, dass er sein Vermögen nicht über den Tod hinaus behalten kann. Hingegen ziehen bei weitem nicht alle den Schluss daraus, es weiter zu geben. Es fehlt der konkrete Schritt zum Handeln. Menschen verschieben die Aufstellung eines Testamentes während Tagen, Monaten und Jahren. Sie sagen sich, dass sie immer noch genug Zeit haben und dass nichts eilt. Hier liegt nun eine besondere Aufgabe des Fundraisers. Mit viel Einfühlungsvermögen muss er den Interessenten darauf aufmerksam machen, dass er rechtzeitig über seine letzten Dinge bestimmt, dass plötzlich auftretende Krankheiten und Unfälle einen früheren Tod bedeuten können. Dies gilt es mitzuteilen ohne Angst zu machen, und ohne den Teufel an die Wand zu malen. Allgemein lässt sich aber feststellen, dass die Mehrzahl der erwachsenen Menschen über 50 dem Gedanken an ein Testament gar nicht so fern sind, dass sie aber mit dessen konkreter Ausführung zögern.

Nachstossen?

Der Fundraiser steht also immer wieder vor der Frage, ob er einen Interessenten anmahnen darf oder nicht. Wenn er es mit seiner Pflicht zur Verbreitung der Idee des Testamentes ernst nimmt, so muss er wahrscheinlich anmahnen. Er wird allerdings eine geeignete Form und die Zeit finden, seine Mahnungen als Dienstleistungen anzubieten. Er reiht so bei seinen einzelnen Kontakten einen Schritt an den andern, ohne einen Anspruch zu haben auf ein positives Resultat. Dabei hilft ihm die Gewissheit, dass er die Freiheit eines Menschen nicht beeinflussen darf. Der Testator muss selber wollen und zur Realisation schreiten. Der erfahrene Fundraiser weiss, dass er diesbezüglich immer wieder Enttäuschungen erleben wird.

Misserfolg

Der Fundraiser hat keine Ansprüche.

Enttäuschungen zu erleben gehört zur Tätigkeit auch des erfolgreichen Testamentspromotors.

An wen wenden sich unsere Promotionsaktivitäten?

Normalerweise wird sich die aktive Institution im öffentlichen Wohl mit Propagandamaterial versehen, vor allem mit einem Legats- und Testamentsbüchlein. Seine Diskretion und die Scheu, Menschen zu verletzen, hält den Fundraiser davon ab, Legatsbüchlein ungefragt zu versenden. Vielmehr ist es Usus, dass angefragt wird, ob jemand das Legatsbüchlein will, und nur bei Zustimmung wird es zugesandt.

Initiative oder Institution?

Der Fundraiser wendet sich in erster Linie an das eigene Haus, an den Vorstand, die Geschäftsleitung, die Mitarbeitenden. Sie alle sollen mit dem Legatsbüchlein vertraut sein und dieses bei ihren Kontakten mit der Aussenwelt auch einsetzen. Das Gleiche gilt von freiwilligen Helfern. Sie können eine bedeutende Rolle bei der Propagierung der Legatsidee übernehmen. Auch Mitglieder sollten mit der Aktion vertraut sein.

Helfer

Eine bedeutende Rolle können in Gesundheitsligen und Sozialinstitutionen auch Patienten und Klienten spielen. Wenn auch der Einsatz von Betreuten in der Werbung für ein Legat an und für sich heikel ist, steht der Aktion doch im Prinzip nichts entgegen.

Wesentlich ist auch der Gönnerkontakt. Die grossen Gönner, die pro Jahr mehr als 100 Franken spenden, kommen in erster Linie in Frage. Aber von noch grösserem Interesse als die einmaligen Grosszahler sind für die Legatsuche die Mehrfachzahler, deren Beziehung zur Institution sich ja bereits gefestigt hat. Möglicherweise wird einem ordentlichen Gönnerbrief eine Karte beigelegt, mit der auf die Aktion aufmerksam gemacht und auf die kostenlose Bestellmöglichkeit für das Testamentsbüchlein hingewiesen wird. Es ist anzunehmen, dass ca. zwei Prozent der Gönner das Legatsbüchlein bestellen werden.

Zielpublikum Gönner

In England verwendet man sehr oft statt des Legatsbüchleins Legatsbriefe. Diese werden in einer bestimmten Reihenfolge einem ausgewählten Kreis gesandt, wobei beispielsweise Themen wie «Vorteile des Testamentes», «Möglichkeiten der Ausnützung der freien Quote», «Investitionen in ein Wohltätigkeitswerk bieten viel» angesprochen werden können.

Zielpublikum Öffentlichkeit

Im Ausland wird auch oft das Inserat in einer Zeitung oder einer Zeitschrift als Möglichkeit gewählt. Antwortende auf ein solches Inserat sind gewöhnlich an der testamentarischen Begünstigung der konkreten Institution bereits interessiert. Da aus vielen Untersuchungen bekannt ist, dass nicht nur altgediente Gönner ein Legat zugunsten eines Sammelwerkes ausrichten, können auch Personen ausserhalb des bekannten Adressatenkreises durch dieses Instrument angesprochen werden.

Zielpublikum Senioren

Veranstaltungen, sogenannte Will Clinics, sind Vorträge, die sich vor allem an Senioren richten, in denen zum Beispiel ein Arzt über Krankheiten im Alter, ein Bankfachmann über Investitionen und Veranlagungen beim Vermögen und ein Fundraiser über Testamente und Legate sprechen. In Amerika sind solche Veranstaltungen sehr erfolgreich.

Möglichkeiten des Einsatzes von Promotoren

Wer kommt als Promotor in Frage?

Promotoren sind Menschen, die aus einer aktiven Beziehung heraus ein bestimmtes Sammelwerk empfehlen, wenn es sich um die Ordnung der letzten Dinge handelt. Als Promotoren kommen also in erster Linie Personen in Frage, die einen grösseren Bekanntenkreis haben, mit diesen Bekannten persönliche Dinge besprechen können und oft bereits selber als Gönner und wenn möglich als Legatspender aufgetreten sind.

Als Promotoren kommen aber auch andere Personenkategorien in Betracht. Einmal sind gewisse Kategorien von Fachpersonen in der Lage, in Bezug auf die Abfassung eines Testamentes einen technischen Rat abzugeben und zugleich eine konkrete Institution zu empfehlen. Hier kommen in erster Linie *Juristen* in Frage, namentlich *Rechtsanwälte* oder *Notare*. Neben dem fachlichen Rat spielt oft bereits die Frage der Identifizierung des Sammelwerkes eine gewisse Rolle. Denn sehr oft verfügen Testamentsinteressenten nicht über die genaue Bezeichnung ihres bevorzugten Hilfswerkes. Hier den richtigen Namen mit Adresse und Postchecknummer anzugeben ist bereits eine nicht zu unterschätzend wichtige Funktion.

In einer weiteren Gruppe von Promotoren können *Mitarbeitende von Banken und Versicherungen, Vermögensverwalter und Treuhänder* zusammengefasst werden. Die Bedeutung dieser Promotorengruppe ist von Werk zu Werk sehr verschieden. Es werden zwar grosse Anstrengungen unternommen, damit sich ein Werk in jenem Kreis als Legatsempfänger positioniert und entsprechend möglichst umfassend bekannt wird. Eine Erfolgsauswertung dieser Art von Zusammenarbeit liegt uns aber nicht vor.

Als letzte Gruppe von möglichen Promotoren sind auch *die Ärzte und die Geistlichen* zu erwähnen, welche in kritischen Phasen des Lebens, in denen die Abfassung eines Testamentes drängend werden kann, einen direkten Zugang und Vertrauensvorschuss bei testierwilligen Personen geniessen.

Die organisatorischen Hilfsmittel, die bei der Legatsuche herangezogen werden können

Das stete Eingehen auf das Legatsproblem
Das Sammelwerk muss bei jeder Gelegenheit kundtun, dass es an Legaten interessiert ist und dass mit den Legaten neue und vielversprechende Projekte realisiert werden können. Und es darf auch kommunizieren, wenn tatsächlich Legate eintreffen. In Gönnerbriefen, auf Prospekten, Beilagen und im Jahresbericht muss immer wieder auf Legate hingewiesen werden, und zwar sowohl verdankend wie auch bittend. Damit wird von der Institution neben der öffentlichen Ehrung der verstorbenen Wohltäter signalisiert, dass Testamente, in gleichem Masse wie lebzeitige Spenden, für die Institution eine übliche Art der Mittelbeschaffung und zugleich einen wirksamen Ansporn bilden.

Dem Fundraiser steht eine ganze Reihe von Hilfsmitteln organisatorischer Art zur Verfügung, wenn es darum geht, die Testamentsidee zu verankern und auf Möglichkeiten einer Legatspende hinzuweisen. Beim Gebrauch dieser Hilfsmittel darf er allerdings nicht vergessen, dass nichts das Gespräch von Mensch zu Mensch ersetzen kann. Wenn es also darum geht, jemandem die Idee des Ordnens seiner letzten Dinge nahe zu bringen, so ist das direkte Gespräch wirksamer als das beste Legatsbüchlein. Das soll allerdings dessen Wert und Sinn nicht herabsetzen.

Das Legatsbüchlein

<small>Inhalt des Legatsbüchleins</small>

Dieses ist normalerweise zweiteilig. Im ersten Teil wird auf die Notwendigkeit der Erstellung von Testamenten hingewiesen. Es werden die Gründe dargelegt, warum man seine letzten Dinge ordnen sollte und warum Testamente auch für den Gönner interessante Möglichkeiten der Begünstigung eines Sammelwerkes einschliessen. Legatsbüchlein können auch auf das Wesen des Testamentes eingehen und erklären, welches die Verfügungsmöglichkeiten des Erblassers sind. Sie können auf die Pflichtteile und die freie Quote hinweisen, aber auch konkrete Beispiele von Testamenten vorlegen. Es ist dem Hilfswerk überlassen, festzulegen, wie konkrete Angaben zur Abfassung eines Testamentes es machen will. Dabei ist unbedingt zu beachten, dass die Mitwirkung einer Fachperson bei allen nicht ganz einfachen Fällen sinnvoll ist und dringend empfohlen wird. Dies bedeutet, dass nicht ein genereller Ratschlag erteilt werden soll, sein Testament im Do-it-yourself-Verfahren abzufassen; damit würde der Gefahr ungenügend überlegter, unvollständiger oder unklarer Testamente Vorschub geleistet.

Nach dem Teil über die Motivation des Gönners, ein Testament zu errichten, können nützliche Angaben dazu angefügt werden, wie Vermögenswerte und Schulden als Vorbereitung für die Testamentserrichtung aufgelistet werden können.

Ein weiterer Teil umfasst Aussagen über das Legat. Hier muss ausgeführt werden, was das Legat für das Hilfswerk als Verfasser des Legatsbüchleins bedeutet. Es sollten Angaben gemacht werden über Möglichkeiten der Verwendung des Geldes. Es muss dargestellt werden, dass das Hilfswerk durch ein Legat gleichsam über sich selber hinauswachsen kann. Aus dem Text darf sich ergeben, welch hohe Befriedigung ein Legat dem Spender verschafft: Er ermöglicht die Fortführung seines guten Werkes und sichert seine Unterstützung als Gönner in einer Zeit, in der er selber nicht mehr spenden kann.

Das Legatsbüchlein soll auch angeben, welche Form das Legat annehmen kann, sei es mit einem bestimmten Betrag oder mit einem Prozentsatz der Hinterlassenschaft. Legatsbüchlein haben den Vorteil, dass sie über die Probleme des Testaments und des Legats eingehend informieren.

Die Langzeitwirkung des Legatsbüchleins aber ist beschränkt. Der Fundraiser wird sich also überlegen, ob er nach dem Versand des Legatsbüchleins nach einer bestimmten Wartezeit den Adressaten erneut ansprechen will, sei es durch ein Telefongespräch, sei es durch einen Legatsbrief. Beim Telefongespräch bietet er einfach seine Hilfe an und frägt, ob der Adressat irgendwelche Probleme oder Fragen hat, die der Fundraiser zu lösen imstande ist.

Legatsbriefe
In England hat sich die Modalität durchgesetzt, dass statt Legatsbüchlein an ausgewählte Adressaten breiter gestreute Legatsbriefe versandt werden. Der Inhalt dieser Briefe ist im Wesentlichen gleich wie der des Legatsbüchleins, unterscheidet sich aber in der formalen Strukturierung von diesem.

Will Clinics
In Amerika hat sich die Durchführung von Veranstaltungen bewährt, bei denen Senioren zu einer Vortragsreihe von zwei bis zweieinhalb Stunden eingeladen werden. Vortragende sind zum Beispiel ein Arzt, der über Gesundheitsprob-

leme im Alter spricht, dann ein Bankbeamter, der sich mit Anlageproblemen im Alter auseinander setzt, und endlich ein Fundraiser, der über Testamente und Legate spricht. Bis jetzt gibt es wenige Institutionen im öffentlichen Wohl in den deutschsprachigen Ländern, die Will Clinics durchführen. Wahrscheinlich ist es aber eine Methode, die den Fundraiser mit aktiven Interessenten für Testamente bzw. Legate bekannt macht und die ihm den Zugang zum persönlichen Gespräch ebnet.

Inserate
Sie spielen in den englischsprachigen Ländern eine gewichtige Rolle. Angeboten wird im Inserat eine Hilfe bei der Abfassung des Testamentes. Wer auf das Inserat antwortet, bekommt unentgeltlich eine Schrift, im Normalfall ein Legatsbüchlein. Der Fundraiser entscheidet, ob er den einmal hergestellten Kontakt ausweiten und vertiefen will.

Projektlisten
Sehr hilfreich für die Legatsuche können Listen mit verschiedenen Projekten mit sehr unterschiedlichem Kostenaufwand sein. Der Fundraiser kann sich damit auf Fragen von Wohltätern vorbereiten, die darauf hinauslaufen, welche Projekte in welcher finanziellen Dimension für den Interessenten in Frage kommen könnten bzw. von ihm finanziert werden könnten. Eine Liste aktueller Projekte dient eher der Akquisition von Spenden zu Lebzeiten, eine solche aufgeschobener und bisher an der Finanzierung gescheiterter Projekte eignet sich eher für die Legatsuche.

Publikationen der Institution
Es ist im Sinne der Öffentlichkeitsarbeit, wenn die Sammelinstitution in ihren Publikationen immer wieder auf Legate hinweist. Im Zentrum steht hier sicher der Jahresbericht, in dem erhaltene Vermächtnisse aufgeführt werden. Aber auch auf Prospekten, in Begleitbriefen oder mit Beilagen soll gelegentlich auf die Möglichkeit von Legaten hingewiesen werden. Jahresberichte und Rechnungslegungen

sind im übrigen eine gute Möglichkeit zur Rechenschaftsablegung und zur Darstellung der vorgesehenen und funktionierenden Kontrollmechanismen, welche sicherstellen, dass das anvertraute Geld tatsächlich bestimmungsgemäss eingesetzt wird.

Beratung und Betreuung von Interessenten

Idealerweise begleitet der Fundraiser den Interessenten auf seinem Weg. Dieses Standby bedeutet *(Verfügbarkeit des Fundraisers)*
- erstens, dass dem Interessenten alle Informationen zukommen müssen, die für ihn interessant sind;
- zweitens, dass der Fundraiser immer dann da ist, wenn er gerufen wird und wenn seine Mitwirkung und sein Mitdenken vonnöten sind.

Begleiten kann aber
- drittens auch heissen, dass der Fundraiser versucht, durch eine wohldurchdachte Reihe von Aktionen und Interventionen den zukünftigen Legatspender zum Ziele, das heisst zum Abfassen eines Testamentes mit einem Legat, hinzuführen.

Auf dem Gebiet der Information stellt sich einmal die Frage, welche Dienstleistung das Sammelwerk dem Interessenten in Bezug auf rechtliche Beratung in Testamentsfragen zukommen lassen will. Einzelne Institutionen geben nur Adressen von Notaren an und überlassen die Beratung der Fachperson, die für ihre Dienste vom Gönner honoriert wird. Andere gehen weiter und bieten Interessenten eine unverbindliche und kostenlose Beratung durch einen Juristen an, dessen Honorarnote sie selber übernehmen. Für beide Modalitäten gilt, dass das Sammelwerk den Beizug eines Juristen fördert, um so die Gefahr von sachlichen und von Formfehlern zu verringern. *(Beizug von Juristen)*

Der Fundraiser kann ohne Bedenken zugunsten des Abschlusses eines Testamentes argumentieren. Er sollte sich aber nicht auf Antworten einlassen, die juristischen Charakters sind, wenn er keine juristische Ausbildung aufweisen und nicht für die Richtigkeit seiner Erklärungen garantieren kann.

Abstimmung der Interessen

Die Beratung im Zusammenhang mit Legaten eröffnet einen vielschichtigen Themenkreis. Es geht darum, die Vorstellungen des Interessenten mit den Möglichkeiten und Visionen der Institution in Einklang zu bringen. Den Legatsinteressenten soll der Fundraiser darauf hinweisen, wie dankbar die Institution ist, und wie fruchtbringend sein Geld angelegt werden kann. Es ist für den Interessenten von grosser Bedeutung, dass er zur Überzeugung gelangt, sein Legat schaffe etwas Aussergewöhnliches und erhöhe den Erfolg der Institution. Der Fundraiser wird auf die Vorstellungen seines Partners eingehen und versuchen, alle Elemente und besonderen Möglichkeiten der Institution an den Tag zu bringen und wird damit den Legatsinteressenten motivieren können, vollen Herzens ein Legat auszusprechen. Aufgabe des Fundraisers ist es, im Zusammenhang mit Projekten, die durch Legate finanziert werden, einen gesunden Realismus an den Tag zu legen. Zu eng definierte

Zweckbestimmungen

Zweckbestimmungen belasten das Leben der Institution in Zukunft schwer:

- Am meisten Handlungsspielraum wird dem Sammelwerk eingeräumt, wenn die Institution als solche begünstigt wird, ohne weitere Zweckbindung als die statutarische.
- Auch eine Zuwendung mit der Widmung für einen Teilbereich der Tätigkeiten kann im Sinne der Institution sein; die Zweckgebundenheit der Zuwendung kann die Institution aber hindern, in eben diesem Bereich auch noch weitere eigene Mittel einzusetzen, was dem Willen des Legatsspenders zuwider liefe.
- Bei der (oben als eng bezeichneten) Zweckbindung der zur Verfügung gestellten Mittel an ein Projekt wird der Institution zwar wenig Spielraum gelassen, aber dafür kann der Spender mit einem hinreichend grossen Legat die Gewichte in der Tätigkeit der Organisation beeinflussen bzw. verschieben.

Wie aktiv darf der Fundraiser seine Beziehungen mit Interessenten gestalten? Wenn er passiv ist, bleibt wahrscheinlich der Erfolg aus. Wenn er allzu aktiv wird, wird das vielleicht als Druck empfunden, und der Interessent wendet sich verletzt ab. Es geht hier um das richtige Mass.

Im Fundraising-Konzept der Institution kann beispielsweise vorgesehen sein, dass die Bezüger des Legatsbüchleins nach zwei bis sechs Monaten wieder angeschrieben oder angerufen werden. Wichtig ist dabei, dass mit dieser Massnahme eine ganz bestimmte Dienstleistung verbunden werden kann, so zum Beispiel eine Information über die Bedeutung der Freiquote im Testament, über die Abzugsfähigkeit von Legaten usw. Ziel soll es weniger sein, kurzfristig zu konkreten Resultaten in Form eines Legates zu kommen, als vielmehr, durch aktive Massnahmen mit dem Interessenten in einen Dialog zu treten oder diesen fortzusetzen. Jedes Sammelwerk wird mit Feingefühl herauszufinden versuchen, welches Vorgehen beim konkreten Interessenten in welchem Masse angewandt langfristig zum Erfolg führen kann.

Die Nachsorge

Die Nachsorge soll klar zeigen, wie sehr sich die Institution dem Legatspender verbunden fühlt. Je besser die Beziehung, desto kleiner ist die Gefahr, dass der Legatspender die Zuwendung vor seinem Ableben wieder streicht oder einer anderen Institution zukommen lässt. Denn es darf nicht vergessen werden, dass es dem Testamentsverfasser jederzeit frei steht, seine letztwillige Verfügung ausser Kraft zu setzen oder eine neue anders lautende zu schreiben. Der betreuende Fundraiser wird davon in der Regel nicht einmal etwas erfahren, wenn es ihm der Legatsspender nicht selber mitteilt.

Eine ganze Reihe von Massnahmen stehen zur Disposition, um dem Legatspender eine tief empfundene Dankbarkeit zu zeigen. Ein gewöhnlicher Dankesbrief mit der Unterschrift des Präsidenten der Organisation genügt nicht.

Dank

ständige Information

Gönnerorganisation

Events

Der Legatspender sollte eingeladen werden, das Werk zu besuchen. Er sollte mit den führenden Mitarbeitern bei diesem Besuch in persönlichen Kontakt treten können. Er sollte prioritär über wichtige Ereignisse im Leben der Institution informiert werden. Er sollte sich als Mitglied der Familie des Hilfswerkes fühlen. Ein regelmässiger mündlicher Kontakt zwischen dem Legatspender und dem Fundraiser ist notwendig.

Amerikanische grosse Institutionen haben eigene Clubs von Legatspendern gegründet. Sie vermitteln dort besondere Informationen und laden jährlich einmal zu einem Essen ein. Das gibt ihnen die Gelegenheit, die Legatspender persönlich kennenzulernen und aufgrund der Analyse der Gespräche mit ihnen die eigene Legatsuche zu optimieren.

Es ist von grossem Interesse für das Sammelwerk, dass es davon erfährt, wenn ein Gönner ein Legat zu seinen Gunsten ausgesetzt hat. Dabei soll nicht vergessen werden, was wir aus Amerika wissen, nämlich dass Legatspender die grössten Gönner sind (das Umgekehrte liess sich bisher nicht nachweisen), also neben ihrem Legat bei den jährlichen Aktionen zu Lebzeiten weiterhin mit Begeisterung mitmachen.

Legatsspender sind die besten Legatspromotoren.

Auch Legatsspender unterhalten ihrerseits Beziehungsnetze. Die Wahrscheinlichkeit ist gross, dass dazu Personen mit vergleichbaren Interessen und Wertvorstellungen gehören. Die Vermutung ist also naheliegend, dass dem zufriedenen Legatspender weitere aus seinem Bekanntenkreis nachfolgen, und dass aus der Unzufriedenheit des Legatspenders eine nachhaltige Negativpropaganda resultiert.

Bitte frankieren

Verlag Paul Haupt
Falkenplatz 14
CH-3001 Bern

Hauptsachen
wünsche ich an folgende Adresse:

Name: _____

Vorname: _____

Strasse: _____

PLZ, Ort _____

Damit wir Sie regelmässig mit Informationen bedienen können, erlauben wir uns, Ihre Angaben elektronisch zu speichern.

Liebe Leserin, lieber Leser

gerne informieren wir Sie regelmässig über unsere Neuerscheinungen.
Bitte kreuzen Sie Ihre Interessensgebiete an und senden diese Karte an uns zurück.

Hauptsachen:

- ❏ Betriebswirtschaft
- ❏ Bank- und Finanzwirtschaft
- ❏ Wirtschaftsethik
- ❏ Volkswirtschaft
- ❏ Recht
- ❏ Politik
- ❏ Alpen / Ökologie
- ❏ Sozialarbeit / Nonprofit-Organisationen

- ❏ Pädagogik / Heil- und Sonderpädagogik
- ❏ Germanistik
- ❏ Philosophie
- ❏ Textiles
- ❏ Werken und Gestalten
- ❏ Fremde Kulturen
- ❏ _____
- ❏ _____

Verlag Paul Haupt Bern · Stuttgart · Wien

Aus- und Weiterbildung des Fundraisers

Der Fundraiser muss die rechtlichen Grundlagen des Erbschaftsmanagements gut kennen. Das heisst, er sollte sich in den einschlägigen Bestimmungen in Bezug auf Testament und Erbfolge so ins Bild setzen, dass ihm in der Beurteilung des Einzelfalles keine Fehler unterlaufen. Das heisst jedoch nicht, dass er in Bezug auf rechtliche Aspekte der Testamente Ratschläge erteilen kann und soll. Dies ist der ausgebildeten Fachperson zu überlassen. Aber die Kenntnisse des Fundraisers sollten so weit gehen, dass er dem Interessenten fundiert sagen kann, wo voraussichtlich die Probleme liegen, und in welchem Fall es sinnvoll ist, eine Fachperson beizuziehen.

Erbrechtliches Grundwissen

Der Fundraiser sollte sich bei den üblichen Planungs- und Supervising-Methoden in der Legatsuche auskennen. Er sollte selbständig eine Aktion aufbauen und sie weiterverfolgen und kontrollieren können.

Supervision

Wie kommt der Fundraiser im Legatsbereich zu einer geduldigen, unterstützenden, begleitenden Haltung, wie sie für die Legatsuche optimal ist? Es braucht dazu Fähigkeiten, welche bei den übrigen Fundraising-Methoden nicht gefragt sind. Dort ist Aktivität, Innovation, dauernde Auseinandersetzung das Kriterium für den Erfolg. Bei der Legatsuche aber muss man warten können, man muss mit - Fingerspitzengefühl und Einfühlungsvermögen den Gönner begleiten können, sorgfältig langfristige Beziehungen aufbauen und schliesslich den Gönner auch emotional stärken, wenn er in die schwierigere Phase der Testamentsabfassung eintritt. Der Fundraiser muss auch verstehen, was den Menschen davon abhalten kann, positiv an den Tod zu denken. Die Qualitäten, die hier vom Fundraiser verlangt werden, sind Eigenschaften der Persönlichkeit. Sie drücke sich in erster Linie in der Haltung aus, wie sie methodisch und technisch beim Intervenieren zum Ausdruck kommen. Der Gönner soll die Möglichkeit bekommen, sich dem notwendigen Ordnen der letzten Dinge zu stellen.

Persönlichkeitsentwicklung

Weiterbildung

Kurse und Seminarien zum Thema der Erbfolge empfehlen sich sehr. Dabei geht es nicht in erster Linie um Techniken, sondern um die innere Haltung dem Gönner gegenüber. Der Austausch unter den Kursteilnehmern ist von grosser Bedeutung, der Beizug von Psychologen, Ärzten und Pfarrern ist empfehlenswert, denn mit ihnen können grundsätzliche Haltungen gegenüber dem Tod und der Trauer geklärt werden.

Training

Erfolgskontrolle

Wichtig ist es für den Fundraiser «on-the-job» zu lernen. Er soll mit wachem Sinn und kritisch sich selbst gegenüber das Geschehen in seiner Legatsuche beobachten und überdenken. Er soll die Erfahrungen, die er macht, die Erfolge und Misserfolge, in sein Konzept einbauen. Im wichtigen Arbeitsbereich der Beratung und Betreuung gilt es eine Modalität herausfinden, die dem Wesen seiner Institution, dem Gehalt seines Angebotes und seinen eigenen Möglichkeiten entspricht.

Erfahrungsaustausch

Der Gedankenaustausch mit anderen in der Legatsuche tätigen Fundraisern ist von besonderer Bedeutung. Hier vervielfachen sich die Erfahrungen, hier werden Akzente gesetzt, neue Ideen besprochen und ausprobiert. Es wäre sinnvoll, wenn sich kleine Erfa-Kreise zum Problem der Legatsuche bilden würden.

Beim ganzen Problem der Legatsuche muss klar in Erinnerung gerufen werden, dass eine quantitative Planung und eine unmittelbare Kontrolle der Rentabilität von Investitionen sowie eine adäquate Budgetierung nicht möglich sind.

5 Die rechtlichen Grundlagen und Möglichkeiten der Legatsuche

Allgemeine Bemerkungen

Der Fundraiser fungiert im Bereich der Legatspromotion wie der Verkäufer eines Produktes: Er «verkauft» die Begünstigung in Legatsform zugunsten seiner Organisation. So betrachtet, ist es selbstverständlich, dass er sein Produkt kennen muss, um es an den Mann oder die Frau bringen zu können.

Vom Sinn erbrechtlicher Erläuterungen

Ein guter Verkäufer wird zwar die Funktionsweise seiner Produkte erklären können, er wird aber nicht einzelne Produktbestandteile selber basteln oder dem Kunden empfehlen, das Produkt zu demontieren, um es neu und anders zusammenzusetzen. So ist auch die konkrete juristische Beratung des testierwilligen Freundes oder Gönners nicht Sache des Fundraisers, sondern der Fachperson. Der Fundraiser, der die Freunde und Gönner seiner Institution zur Abfassung eines Testamentes zu motivieren sucht, muss aber sein Produkt kennen und verstehen; seine diesbezüglichen Kenntnisse sind unverzichtbares Hintergrundwissen und gehören zu seinem Handwerkszeug.

Die nachfolgenden Ausführungen zum schweizerischen Recht müssen sich auf einen Überblick beschränken. Sie sind ausgerichtet auf Situationen, wie sie dem Fundraiser am häufigsten begegnen. Speziell wenn bestehende Ehe- und Erbverträge in die Testamentsberatung oder in die Erbteilung hineinspielen, sobald die Verhältnisse (umfangreiches Vermögen, grössere Verwandtschaft, wenn Pflichtteile verletzt werden könnten) oder wenn die Wünsche und Vorstellungen des Testators komplizierter sind, empfiehlt sich allemal der Beizug einer Fachperson.

«Das Gut zum Blut»

Das Erbrecht (französisch: droit des successions) ist geprägt vom Gedanken, dass in erster Linie die nächsten Verwandten und der überlebende Ehegatte erben sollen. Wenn kein Testament und kein Erbvertrag vorliegen, erben sie von Gesetzes wegen das Ganze, wobei die näheren Verwandten die entfernteren vom Erbe ausschliessen.

Veränderte Rahmenbedingungen

In neuerer Zeit ist die früher übliche Lebensgemeinschaft von drei und mehr Generationen in den meisten Fällen einer langen und unabhängigen Selbständigkeit der Senioren gewichen. Die innerhalb eines Jahrhunderts von weniger als 40 auf über 70 Jahre gestiegene durchschnittliche Lebenserwartung führte dazu, dass zum Zeitpunkt des Erbantrittes die Erben selber oft bereits vor der Pensionierung stehen. Die Gründung eines eigenen Hausstandes und einer Familie, die Eröffnung eines eigenen Betriebes oder umfangreichere Ausbildungsmassnahmen fallen kaum mehr in Betracht. Die finanzielle Altersvorsorge ist zu diesem Zeitpunkt bereits durch die Sozialversicherungen, durch die berufliche und die private Vorsorge gesichert.

Auf Seiten der Spendenorganisationen haben sich zwar die Zielsetzungen und Tätigkeitsbereiche in den letzten Jahrzehnten nicht grundsätzlich verändert. In der langfristigen kulturgeschichtlichen Entwicklung haben sich diverse Aufgaben von der Familie zur Kirche, später zum Staat und nun letzthin vermehrt auch zu privaten Institutionen verschoben (Armenwesen, Erziehung, Altersbetreuung, Forschung, Gesundheitswesen, etc.). Gleichzeitig werden diverse früher exklusive Aufgaben der gemeinnützigen Organisationen heute vermehrt auch als Staatsaufgaben aufgefasst. Doch der Wohlfahrts- und Leistungsstaat ist vielfach nicht in der Lage, sie alleine wahrzunehmen. Er entlastet sich offen oder verdeckt durch den Einbezug gemeinnütziger Institutionen, indem er ihnen insbesondere Vollzugsaufgaben zurücküberträgt, jedoch oft ohne ihnen die erforderlichen Mittel zukommen zu lassen. Als Beispiel dient etwa eine Schweizer Berechnung aus dem Jahr 1998, wonach allein die Tierschutzorganisationen dem Staat jährlich für rund zwölf Millionen Franken gesetzliche Vollzugsaufgaben abnehmen.

Unter diesen Umständen müssen auch über erbrechtliche Mechanismen, das heisst auf privater Basis und mit Mitteln des Privatrechtes, gemeinnützige Zielsetzungen gefördert werden. Diese Entwicklung hat in den USA längst eingesetzt. Es ist offensichtlich, dass die Begünstigung gemeinnütziger Institutionen individual- und gesellschaftspolitische Dimensionen aufzeigt, indem jene Organisationen häufiger begünstigt werden, deren Werthaltungen und grundlegende politische Zielsetzungen in der Bevölkerung einen breiten Rückhalt finden.

Wo Ausländer betroffen sind, stellt sich immer wieder die Frage, ob das Recht des Wohnsitzstaates oder das Heimatrecht gilt. Noch komplizierter wird es, wenn noch weitere Bezüge zu verschiedenen ausländischen Rechtsordnungen bestehen. Solche Verhältnisse bedürfen einer besonderen rechtlichen Abklärung, auf welche hier nicht näher eingegangen werden kann. Immerhin kann hier festgehalten werden, dass sowohl in Deutschland, Österreich und der Schweiz auch Ausländer nach dem Recht ihres Wohnsitzstaates ein hinsichtlich der Form gültiges Testament verfassen können.   *Ausländer*

Der Fundraiser in *Deutschland, Österreich und im Fürstentum Liechtenstein* wird sich fragen, inwiefern die nachfolgend dargestellten schweizerischen rechtlichen Verhältnisse und Möglichkeiten auch für seine Arbeit Gültigkeit beanspruchen können bzw. wie weit die deutsche oder österreichische Rechtsordnung von der schweizerischen abweicht. Dazu kann hier dreierlei ausgeführt werden: *Ausländisches Recht*
– Die historischen Gesetzesredaktoren der Schweiz, des wilhelminischen Kaiserreiches und der Donaumonarchie standen mit einander in engem kulturellem, wissenschaftlichem und zum Teil auch persönlichem Kontakt. So stimmen die getroffenen gesetzgeberischen Lösungen auch inhaltlich in den drei erwähnten Staaten und im Fürstentum Liechtenstein zu einem guten Teil, zum Teil wörtlich, miteinander überein.

- Unter formellen Gesichtspunkten ist es bedeutsam, dass in allen vier Ländern die von Anfang bis Schluss eigenhändige Abfassung des letzten Willens, einschliesslich der Angabe von Ort und Datum sowie mit Unterschrift, als gültige Form einer Testamentsurkunde anerkannt ist.
- Die in den vorausgehenden Kapiteln gemachten Ausführungen zur Bedeutung der Legatsuche, zur Psychologie des Legatsspenders, zu den innerbetrieblichen Rahmenbedingungen und zum Aufgabenkreis der Fundraiser können in allen genannten Ländern gleichermassen Geltung beanspruchen.

Was ist wo zu finden

Als nächstes stellt sich die Frage, was ich wo im Gesetz finde. Das Erbrecht findet sich für die Schweiz im dritten Teil des Schweizerischen Zivilgesetzbuches (Art. 457–640 ZGB); kantonale Regelungen betreffen nur Organisations- und Vollzugsfragen. Für Deutschland ist das 5. Buch des Bürgerlichen Gesetzbuches (§ 1922–2385 BGB) massgeblich. Für Österreich und das Fürstentum Liechtenstein ist das Erbrecht im 8. bis 15. Hauptstück des 2. Teils der 1. Abteilung des Allgemeinen Bürgerlichen Gesetzbuches, (§ 531–824 ABGB) geregelt.

Bestimmungen mit Wechselwirkungen zum Erbrecht finden sich namentlich in den Einführungsgesetzen, im Eherecht, im Beurkundungsrecht, im Adoptionsrecht, im Sozial- (z.B. staatliche Alters- und Hinterlassenenversicherung) und im Privatversicherungsrecht (Lebensversicherungen etc.), im Steuerrecht, im Fürsorgerecht und für internationale Beziehungen im internationalen Privatrecht usw.

Für den Bauernstand gelten in Deutschland, Österreich und der Schweiz besondere Schutzbestimmungen. Mit ihnen soll verhindert werden, dass sich die den Hof weiterführende Person, bei der Ausgleichung zugunsten der Miterben, in einem Masse verschulden muss, welches die Weiterexistenz des Betriebes gefährdet.

Nach der Auffassung der Autoren wäre eine Revision des Erbrechtes aus der Sicht des Fundraisings im Mindesten prüfenswert. Das schweizerische Erbrecht stammt, abgesehen von kleineren punktuellen Änderungen von untergeordneter Bedeutung, aus der Zeit um die letzte Jahrhundertwende. Das Umfeld und die Aufgaben des Erbrechtes sowie seine Auswirkungen haben sich seither wesentlich verändert.

Die vom Gesetzgeber seinerzeit getroffenen Massnahmen waren u. a. darauf angelegt, Familienvermögen zur unerlässlichen Altersvorsorge, Gründung neuer Hausstände, Erhaltung von Familienbetrieben, Finanzierung von Ausbildungsmassnahmen und anderen kulturellen und sozialen Leistungen zusammenzuhalten. Einige der damit verbundenen konkreten Leistungen, welche früher nur mit der erbrechtlichen Erhaltung von Familienvermögen erbracht werden konnten, können heute auf dem Finanzmarkt eingekauft werden. Andere hat der Staat, mit dem Ziel der Chancengleichheit für alle Schichten der Bevölkerung, an sich gezogen, nicht ohne dafür bei Einkommen, Konsum und Vermögen der Privaten vermehrte steuerliche Abschöpfungen vorzunehmen. Dass der Staat seine beschränkten Mittel entsprechend den Bedürfnissen einer Mehrheit zuteilt, ist systembedingt. Ebenso klar ist aber auch, dass dabei für die Vergabe von Mitteln nach individuellen Zielsetzungen und Werthaltungen weniger Raum bleibt.

Private Institutionen des öffentlichen Wohles übernehmen deshalb auf eigene Kosten bzw. mit der Unterstützung idealistischer Personen auch Funktionen, welche heute als im Prinzip staatliche Aufgaben betrachtet werden. Die bereits erwähnten zahlreichen aktiven und mündigen Senioren verlangen nach Spielraum für die Gestaltung ihres Nachlasses, und in allen Erwachsenen-Generationen hat die Lebensgemeinschaft ohne Trauschein, das Konkubinat, auf breiter Front Fuss gefasst. Dass die heutigen Erben in einer Grosszahl der Fälle die Erbschaft nicht mehr nötig haben, wurde bereits festgestellt. Dem allem hat der Gesetzgeber bisher kaum Rechnung getragen. Den erwähnten

Erbrechtsrevision (Postulat)

veränderten Bedürfnissen und zugleich den vielen Aufgaben der gemeinnützigen Institutionen könnte und müsste der Gesetzgeber mit Erleichterungen der Rahmenbedingungen entgegen kommen. Massnahmen in den verschiedensten Gebieten wären indes greifbar. Im Bereich des Erbrechtes wird hier nur das Postulat einer Reduktion der oft als lästig empfundenen Pflichtteile erwähnt. Weitere gesetzgeberische Massnahmen, welche besonders förderungsbedürftigen und -würdigen Zielsetzungen staatliche Steine aus dem Weg räumen, wären zu thematisieren.

Im folgenden Kapitel wird dargestellt, wer unter welchen Bedingungen im heutigen gesetzlichen Rahmen mit Legaten, das heisst mit Erbteilen und Vermächtnissen, begünstigt werden kann. Sodann wird erläutert, welche Vermögensteile zum Nachlass gehören bzw. einer testamentarischen Regelung und Erbteilung überhaupt zugänglich sind.

Die Erben

Die gesetzlichen Erben
Als gesetzliche Erben im weiteren Sinne werden diejenigen Personen bezeichnet, welche nach den Bestimmungen des Gesetzes als Erben zum Zuge kommen können. Im engeren Sinne sind diejenigen betroffen, welche aufgrund gesetzlicher Bestimmung, und nicht aufgrund einer ausdrücklichen und persönlichen Begünstigung durch den Erblasser – tatsächlich Erben werden.

Auch Alleinstehende haben Erben

Gesetzliche Erben im weiteren Sinne sind nebst dem überlebenden Ehegatten in erster Linie die Nachkommen, in zweiter Linie die Eltern des Verstorbenen und ihre Nachkommenschaft, dann die Grosseltern und deren Nachkommen und schliesslich der Staat. Deshalb ist die Meinung, nur weil man alleinstehend sei, das heisst allein lebe und keine eigenen Nachkommen habe, sei man auch ohne Erben, nicht zutreffend. Auch Geschwister und Cousins sowie deren Nachkommen und selbst der Staat können Erben werden, wenn kein Testament vorliegt.

Der überlebende Ehegatte kommt grundsätzlich immer zum Zuge. Er erhält von Gesetzes wegen einen Anteil, dessen Grösse nach dem Grad der Verwandtschaft der anderen Familienangehörigen, welche gleichzeitig mit ihm am Erbe teilnehmen, variiert.

Unter den (anderen) Verwandten sieht das Gesetz eine Art Kaskade vor, wonach eigene Nachkommen (Kinder, Grosskinder, etc.) die Verwandten der elterlichen Parentel (Eltern und deren Nachkommen) vom Erbrecht ausschliessen. Diese wiederum schliessen diejenigen der grosselterlichen Parentel aus, und letztere verdrängen den Staat aus dem Erbrecht.

An die Stelle vorverstorbener gesetzlicher Erben treten deren Nachkommen. Bei Vorversterben der (mittels Testament oder Erbvertrag) eingesetzten Erben treten die gesetzlichen Erben ein, wenn der Erblasser nichts anderes bestimmt hat.

Nicht alle Personen, welche laut Gesetz als Erben in Frage kommen, werden auch tatsächlich Erben und erhalten einen Erbteil. Nur die nächststehenden von ihnen erben den ganzen Nachlass, wenn der Verstorbene nichts anderes angeordnet hat.

Minderjährige sind als Erbberechtigte den Volljährigen gleichgestellt.

Heute spielt es keine Rolle mehr, ob ein Kind ehelich ist oder nicht: Es hat sowohl auf der Seite seines Vaters wie auch seiner Mutter das gleiche Erbrecht wie ein in der Ehe geborenes oder gezeugtes Kind.

Das Adoptivkind hat in seiner Adoptivfamilie volles Erbrecht. Dagegen verliert es durch die Adoption das gesetzliche Erbrecht in seiner Blutsfamilie.

Der Konkubinatspartner hat keine gesetzliche Erbenstellung; er gilt als aussenstehender Dritter.

Abbildung 4 Die gesetzlichen Erben

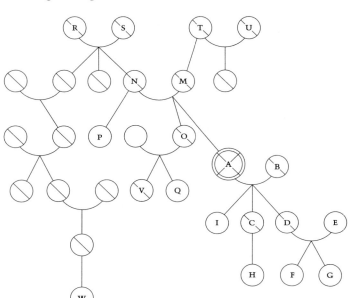

A ist Erblasserin. Ihr Ehemann B ist vorverstorben, ebenfalls die beiden Söhne C und D. D hinterlässt seine Witwe E und die beiden Kinder F und G. C hinterlässt die uneheliche Tochter H. Die Tochter I der Erblasserin ist noch am Leben. Beide Eltern M und N und die Schwester O der Erblasserin sind vorverstorben. O hinterlässt aber den Sohn Q.

- Wenn kein Testament vorliegt, geht der Nachlass der A zu je einem Drittel an die Stämme I, C und D. An die Stelle von C tritt H, an diejenige von D treten F und G. I und H erhalten also je $1/3$, F und G je $1/6$.
- Wären keine Nachkommen von A vorhanden, ginge der Nachlass je zur Hälfte an M und N bzw. an deren Nachkommen: Q müsste die Hälfte des N mit seiner Tante P teilen und erhielte als alleiniger Nachkomme von M die andere Hälfte: P erhielte also $1/4$ und Q $3/4$ des Nachlasses von A.
- Wären auch bei M und N keine Nachkommen vorhanden, ginge der Nachlass an R, S und T bzw. deren Nachkommen. So würde W (via seine Urururgrosseltern R und S) Alleinerbe seiner entfernten Grosstante A.
- Wenn auch in der Nachkommenschaft von R und S niemand vorhanden wäre, ginge der Nachlass an den Staat.

Die eingesetzten Erben
Eingesetzte Erben sind diejenigen Personen, welche der Erblasser mit Erbvertrag oder in einem Testament willkürlich, das heisst aus freiem Willen, zu Erben erkoren hat. Es können irgendwelche Personen, also auch gesetzliche Erben sein, welche sonst wegen entfernterer Verwandtschaft nicht oder nur zu einem kleineren Teil zum Zuge kommen würden, oder auch nicht verwandte Personen – wie zum Beispiel ein Konkubinatspartner – oder Institutionen.

Minderjährige haben grundsätzlich die gleichen Erbenrechte wie Erwachsene. Schon vor ihrer Geburt, das heisst von der Empfängnis an, können sie unter dem Vorbehalt ihrer Lebendgeburt als Erben eingesetzt werden und ein Erbe antreten. Und zeitlich noch weiter vorgreifend kann selbst eine noch nicht gezeugte Person als Nacherbe eingesetzt werden.

Die Vermächtnisnehmer
Die Vermächtnisnehmer sind eigentlich eben gerade nicht Erben, aber wie eingesetzte Erben aus einem Testament Begünstigte. Als Erben bezeichnet man nämlich nur Personen, welche einen Bruchteil (auch in Prozenten) der ganzen Erbschaft erhalten: Die Erben partizipieren am ganzen Nachlass (Aktiven und Passiven) und sind durch alle Zu- und Abnahmen des Vermögens von der Testamentserrichtung bis zum Erbfall betroffen. Vermächtnisnehmer dagegen haben Anspruch auf einen bestimmten oder bestimmbaren Vermögensteil. Beim Vermächtnis (in Deutschland und Österreich Kodizill genannt) kann es sich um einen bezifferten Geldbetrag, um ein Konto oder Wertschriftendepot, einen oder mehrere Gegenstände oder eine Immobilie, eine Sammlung usw. handeln. Der Vermächtnisnehmer ist grundsätzlich an den Schulden des Erblassers nicht beteiligt, und er macht allfällige Wertschwankungen im übrigen Vermögen des Erblassers nicht mit. Seinen Anspruch auf sein Vermächtnis hat er gegenüber den Erben.

Die Haupt- und die Ersatzerben
Der Erblasser kann in seinem letzten Willen alternativ mehrere Personen als Erben oder Vermächtnisnehmer einsetzen. Der Haupterbe kommt zum Zuge, wenn er eine oder mehrere Bedingungen oder Auflagen erfüllt; erfüllt er sie nicht, so tritt an seine Stelle der eingesetzte Ersatzerbe. Die häufigste Anwendung ist diejenige, dass ein Ersatzerbe eingesetzt wird für den Fall, dass der eingesetzte Haupterbe den Erbfall des Testators nicht selber erlebt («Sollte X vor mir versterben, so soll Y an ihrer Stelle erben.»). Fehlen die Ersatzerben im Augenblick des Erbfalles, so tritt die gesetzliche Erbfolge ein.

Nach den gleichen Grundsätzen sieht das Gesetz auch das Ersatzvermächtnis vor.

Die Einsetzung von Ersatzerben bzw. Ersatzvermächtnisnehmern (substitution vulgaire) könnte in der Praxis der Beratung testierwilliger Personen eine zunehmende Bedeutung erfahren. Gedacht werden darf insbesondere an den Fall, in welchem der Erblasser den überlebenden Ehegatten oder eine andere nahestehende Person und bei dessen bzw. deren Vorversterben eine Institution als Ersatzerbe oder -vermächtnisnehmer einsetzt.

Die Vor- und die Nacherben
Bei dieser Art von Erbeneinsetzung wird in einer ersten Phase ein Vorerbe (héritier grevé) und in einer zweiten Phase ein anderer Rechtsträger, der Nacherbe (héritier appelé), begünstigt. Der Vorerbe erwirbt seinen Erbteil wie ein anderer eingesetzter Erbe. Sein Eigentum ist jedoch durch die Verpflichtung zur Auslieferung belastet, und er kann zur Sicherstellung seines durch die Nacherbschaft belasteten Erbteils verpflichtet werden; in jedem Fall von Nacherbeneinsetzung muss ein Inventar erstellt werden. Der Nacherbe erwirbt die Erbschaft bzw. das, was von ihr zum dannzumaligen Zeitpunkt noch übrig ist, zu einem vom Erblasser bestimmten Zeitpunkt oder nach dem Eintritt eines vom Erblasser zum voraus bestimmten Ereignisses. Erlebt der Vorerbe den Erbfall nicht, ist er erbunwürdig oder schlägt er

die Erbschaft aus, so fällt der Erbteil direkt an den Nacherben.

Nach den gleichen Grundsätzen ist auch ein Vor- und Nachvermächtnis im Gesetz vorgesehen.

Auch die Vor- und Nacherbeneinsetzung (substitution fidéicommissaire) blieb bisher in der Praxis relativ unbeachtet. Heute korrigiert sie meist die Auswirkungen einer sehr weitgehenden Begünstigung (als Vorerbe) des überlebenden Ehegatten oder des Konkubinatspartners, indem sie nach dessen Ableben den Vermögensrückfluss in die Familie des erstverstorbenen Partners oder an Dritte sicherstellt. Aber auch für gemeinnützige Institutionen könnte die Nacherbeneinsetzung eine zunehmende Bedeutung dadurch erfahren, dass für den Zeitpunkt nach dem Ableben des zweitversterbenden Partners die Institution als Nacherbe oder Nachvermächtnisnehmer eingesetzt wird.

Erbverzicht
Der Erb- und der Vermächtnisverzichtsvertrag (pacte de renonciation) ist eine spezielle Art des Rechtsverzichtes, welcher in der notariellen Form eines Erbvertrages eingegangen wird. Darin verzichten Pflichtteilserben – mit der Mitwirkung des zukünftigen Erblassers, zu dessen Lebzeiten und mit Wirkung über dessen Tod hinaus – zugunsten eines eingesetzten Erben oder Vermächtnisnehmers auf die ihnen zustehenden Rechte aus dem Erbgang. Wenn sich die zurücktretenden Erben ihren Verzicht ganz oder teilweise entschädigen lassen (zum Beispiel mit einer einmaligen oder mit monatlich wiederkehrenden Zahlungen), werden auch die Begriffe des Erbauskaufs- oder Erbabfindungs- oder eines Vermächtnisauskaufsvertrages verwendet.

Im häufigsten Anwendungsfall verzichten die Eltern ganz oder teilweise, vorläufig oder endgültig, auf ihren Erb- und Pflichtteil zugunsten des Konkubinatspartners des zu Beerbenden. Ein anderes Beispiel – etwa die Begünstigung eines Museums mit einer Sammlung oder einer Liegenschaft, deren Wert die verfügbare Quote übersteigen – veranschaulicht, dass auch gemeinnützige Institutionen bei der Unterstützung testierwilliger Personen an diese Möglichkeit denken sollten.

Vorsicht: Ein Erbverzicht kann schwerwiegende steuerliche Konsequenzen haben, und zwar namentlich für den Verzichtenden.

Zu unterscheiden vom Erbverzichtsvertrag und seinen Variationen sind Schenkungen und Einigungen zwischen pflichtteilsgeschützten Erben und Begünstigten, welche nach dem Tod des Erblassers, etwa im Rahmen der Erbteilung, ausgerichtet bzw. erzielt werden oder in welchen die Erben auf die gerichtliche Anfechtung des Testamentes wegen Verletzung ihres Pflichtteils verzichten. Der Unterschied zum Erbverzicht besteht darin, dass der Erblasser bei solchen Vereinbarungen nicht Vertragspartei ist. Eine solche Einigung muss nicht notariell verurkundet werden. Ihre Schriftlichkeit empfiehlt sich aber im Interesse der Beweissicherung.

Enterbung und Erbunwürdigkeit
Von Enterbung spricht man nur dann, wenn ein Erblasser einem Erbberechtigten dessen ganzen Erbteil, inklusive Pflichtteil, entzieht. Das ist dann möglich, wenn eine solche Person ihre familienrechtlichen Pflichten schwer verletzt oder gegen den Erblasser oder dessen Angehörige ein schweres Verbrechen verübt hat. Die testamentarische Bestimmung, Erben seien auf ihren Pflichtteil gesetzt, ist also keine Enterbung. Soll tatsächlich aus einem der oben genannten Gründen ein Erbe enterbt werden, so muss im Testament der Enterbungsgrund ausdrücklich genannt werden, und die Enterbung kann vom Enterbten angefochten werden, wenn sie zu Unrecht erfolgte. Die Wirkung der Enterbung ist die gleiche, wie wenn der Enterbte den Erbfall nicht erlebt hätte, das heisst an die Stelle des Enterbten treten dessen Nachkommen.

Die andere Form der Enterbung ist die so genannte Präventiventerbung, mit welcher der Erblasser die Hälfte des Pflichtteils eines überschuldeten Erben dessen Nachkommen zuweisen kann, wenn sonst die Gläubiger des verschuldeten Erben die Hand auf dessen ganzen Erbteil legen würden.

Erbunwürdig ist, wer in krimineller Weise auf den Erblasser oder seinen letzten Willen eingewirkt hat, das heisst ihn tötete oder zu töten versuchte, seinen Willen oder seine Fähigkeit ein Testament zu schreiben beeinträchtigte oder die Umsetzung seines Testamentes verunmöglichte. Erbunwürdigkeit kommt also erst beim Erbgang in Betracht, im Gegensatz zur Enterbung, welche schon bei der Testamentsabfassung aktuell ist. Die Erbunwürdigkeit wirkt nur persönlich, das heisst an die Stelle des Erbunwürdigen treten dessen Nachkommen, wie wenn der Erbunwürdige vor dem Erblasser verstorben wäre.

Der Nachlass

Was gehört zum Nachlass?
Bevor es ans Verteilen des Erbes geht, muss festgestellt werden, was dem Erblasser überhaupt zustand und was, weil anderen Personen zustehend, nicht in die Erbmasse fällt.

Gegenstand des Erbrechtes ist der Nachlass (succession), das heisst das gesamte Vermögen (patrimoine) einer verstorbenen natürlichen Person. (Juristische Personen – Firmen, Stiftungen und Vereine – fallen als Erblasser ausser Betracht.) Zum Vermögen einer natürlichen Personen gehören nebst Geld und Sachen (bewegliche Gegenstände und Immobilien) geldwerte Rechte, wie etwa Geldforderungen, Leistungsansprüche, beschränkte dingliche Rechte wie Dienstbarkeiten (zum Beispiel Baurechte, Wohnrechte), aber auch Patente usw. Zum Vermögen gehören auch, je nach Güterstand und güterrechtlicher Regelung, das Eigengut und die Vorschlagsanteile des Verstorbenen, abzüglich die güterrechtlichen Ansprüche des überlebenden Ehegatten. Vom Vermögen in Abzug gebracht werden auch sämtliche Schulden des Verstorbenen gegenüber Dritten und die mit seinem Todesfall verbundenen, üblichen Kosten (Leichenfeier, Grab und Grabunterhalt, Inventarkosten, Honorar des Willensvollstreckers, etc.).

Vermögensbegriff

Vermögensantritt

Das Vermögen geht im Augenblick des Todes des Erblassers (décujus) so auf alle Erben gemeinsam über, wie es der Erblasser hinterlassen hat. Die Mitglieder der Erbengemeinschaft bilden eine sogenannte Gesamthandschaft, welche im Augenblick des Todes solidarisch in alle Rechte und Pflichten des Erblassers eintritt. Dementsprechend haben auch Dritte gegen die Erben nur diejenigen Ansprüche, welche sie auch gegenüber dem Erblasser hätten durchsetzen können. Dies gilt grundsätzlich unabhängig davon, ob sich aus der Gegenüberstellung von Aktiven und Passiven ein positiver oder ein negativer Saldo (Nachlass überschuldet) ergibt. So können Spielschulden, Schulden aus einem unsittlichen Geschäft, verjährte Forderungen oder rein moralische Verpflichtungen auch bei den Erben nicht eingetrieben werden. Wenn moralische Schulden von Erben trotzdem honoriert werden, erfolgt dies nicht aufgrund einer durchsetzbaren Verpflichtung, sondern allenfalls wiederum aus moralischer Freiwilligkeit. Solche Leistungen oder Forderungen sind weder von aussen bei den Erben durchsetzbar, noch unter den Erben anrechenbar.

Ausschlagung

Die gesetzlichen wie die eingesetzten Erben und die Vermächtnisnehmer haben indes das Recht, ihren Erbteil oder das Vermächtnis auszuschlagen (répudiation). Das werden sie insbesondere dann tun, wenn der Nachlass überschuldet ist.

Das eheliche Güterrecht

Güterstände

Jede verheiratete Person steht unter einem ehelichen Güterstand (régime matrimonial), welcher entweder von Gesetzes wegen, das heisst automatisch, oder durch Richterentscheid oder durch notariell beglaubigten Ehevertrag herbeigeführt oder verändert werden kann. Die Güterstände legen fest, was Eigengut des einzelnen Gatten ist und was beiden gemeinsam gehört. Sie entscheiden auch darüber, wie das gemeinsam Erworbene bei der Auflösung des Güterstandes – etwa wegen Todes eines Ehegatten – aufgeteilt wird. Das Eigengut des Verstorbenen fällt immer in seinen Nachlass, das Eigengut des überlebenden Ehegatten nie.

Wie oben bereits kurz ausgeführt, ist vor der Berechnung der Erbteile und der Verteilung festzustellen, was in den Nachlass (succession) des Erblassers fällt und was zum Beispiel dem überlebenden Ehegatten aufgrund der güterrechtlichen Auseinandersetzung (liquidation du régime matrimonial) vorweg zufällt. Durch güterrechtliche Regelungen in einem (notariellen) Ehevertrag haben viele Eheleute dem überlebenden Teil schon zu Lebzeiten die Fortsetzung des gewohnten Lebensstils gesichert. Bei der güterrechtlichen Auseinandersetzung haben die Erben mitzuwirken. Was dem überlebenden Ehegatten aufgrund von Güterrecht zusteht, entgeht dem Erbgang vollständig. Das heisst, diese Vermögensteile fallen nicht in die Erbmasse (masse héréditaire) und deshalb findet darüber kein Erbgang, keine Verteilung, keine erbschaftssteuerliche Belastung etc. statt. Dem überlebenden Ehegatten wird also schon von Gesetzes wegen in der Regel deutlich mehr vom gemeinsamen ehelichen Vermögen verbleiben als nur der gesetzliche Erbteil.

Ehevertrag

Güterrecht kommt vor Erbrecht

Es wird ausdrücklich darauf verwiesen, dass die Trennung der Ehe (séparation de corps), selbst wenn sie durch den Richter ausgesprochen wurde und auch wenn sie viele Jahre gedauert hat, die gegenseitige Erbberechtigung nicht schmälert. Solange die Ehe nicht durch Scheidung oder Tod aufgelöst ist, entfaltet sie die genannten erbrechtlichen Konsequenzen. Bei der gerichtlichen Trennung der Ehe tritt jedoch Gütertrennung ein.

getrennte Ehe

Liegt zwischen den Eheleuten kein Ehevertrag (contrat de mariage) vor, so stehen sie heute in der Regel unter dem Güterstand der Errungenschaftsbeteiligung (participation aux acquêts). Eigengut eines Partners (biens réservés) sind im wesentlichen seine persönlichen Gegenstände, was er in die Ehe eingebracht und was er während der Ehe geerbt oder geschenkt erhalten hat. Zur Errungenschaft gehört namentlich das Ersparte, das heisst der Arbeitserwerb, inklusive Pensionskassenguthaben, und alle Vermögenserträge. Bei der Auflösung des Güterstandes werden rechnerisch zuerst die Schulden der Ehegatten unter einander beglichen und eines jeden Eigengut und Errungenschaft ausgeschie-

Errungenschaftsbeteiligung

den sowie die übermässigen Veräusserungen aufgerechnet. Ergibt sich ein positiver Saldo, wird dieser Vorschlag genannt. Ein negativer Saldo bedeutet einen Rückschlag. Vom Vorschlag eines jeden Gatten steht bei der Auflösung des Güterstandes der Errungenschaftsbeteiligung die Hälfte dem anderen zu; ein allfälliger Rückschlag wird nicht geteilt.

Durch Ehevertrag können aber auch Vermögenswerte aus der Errungenschaft, die zur beruflichen Entwicklung bestimmt sind, zu Eigengut des einen Gatten erklärt, und es kann auch eine andere als hälftige Teilung des Vorschlages vereinbart werden.

Güterverbindung

Bis 1988 war die Güterverbindung (union des biens) der Güterstand, unter welchem die meisten Eheleute standen, wenn sie nichts vereinbarten. Bei ihr stehen vom Vorschlag zwei Drittel dem Ehemann und ein Drittel der Ehefrau zu. Heute wird die Güterverbindung nur noch selten eingegangen. Einzelne Paare führen sie aufgrund einer Beibehaltserklärung aber noch heute fort. Häufiger dürften die vor 1988 ehevertraglich vereinbarten Zuweisungen des ganzen Vorschlages (biens communs) an den überlebenden Ehegatten noch zum Vollzug kommen. Ist dies der Fall, so beschränkt sich der Nachlass des Erstverstorbenen und dessen Aufteilung auf sein Eigengut. Wo heute noch Güterverbindung besteht, liegt also mit etlicher Wahrscheinlichkeit ein Ehevertrag vor, dessen Regelungen unbedingt zu beachten sind.

Gütergemeinschaft

Die Gütergemeinschaft (communauté de biens) sieht das gemeinsame Eigentum beider Gatten an allem ausser den persönlichen Gegenständen vor. Durch Ehevertrag können zusätzliche Werte zu Eigengut eines Gatten erklärt werden. Auch durch Ehevertrag kann festgelegt werden, dass beim Tod des einen Gatten das Gesamtgut nicht halbiert, sondern ganz dem andern zugewiesen wird, mit der Folge, dass ausser den persönlichen Gegenständen kein Nachlassvermögen verteilt werden kann. Diese güterrechtliche Begünstigung darf kraft ausdrücklicher gesetzlicher Regelung keine Pflichtteile der Nachkommen verletzen, wohl aber diejenigen der Eltern.

Gütertrennung (séparation de biens) tritt automatisch ein, wenn ein Ehegatte in den Konkurs fällt oder bei gerichtlicher Trennung der Ehe. Sie kann vom Richter auch unter anderen Umständen angeordnet werden, und sie kann ehevertraglich vereinbart werden; am häufigsten, wenn ein Ehegatte den andern vor den Risiken seines Geschäftes bewahren will. Bei der Gütertrennung gibt es grundsätzlich keine gemeinsamen Vermögenswerte. Beim Erbgang entfällt somit die vorgängige güterrechtliche Auseinandersetzung. — Gütertrennung

Der gesetzliche Erbteil
Als gesetzlichen Erbteil bezeichnet man jenen Erbteil, der den gesetzlichen Erben durch das Gesetz zugewiesen wird für den Fall, dass der Erblasser nicht etwas anderes festgelegt hat, und dass sie nicht durch Näherstehende aus dem Erbe verdrängt werden. Der Erblasser kann nämlich mit Verfügung von Todes wegen diese Anteile für jeden Erben einzeln verändern, das heisst vergrössern, verkleinern und unter dem Vorbehalt der Pflichtteile auch ganz beseitigen.

Der überlebende Ehegatte erhält von Gesetzes wegen vorweg, je nach dem Grad der Verwandtschaft der mit ihm konkurrierenden anderen gesetzlichen Erben, einen unterschiedlich grossen Anteil. Sein gesetzlicher Erbteil beträgt — Ehegatte
- in Konkurrenz mit den Nachkommen des Erblassers: die Hälfte;
- in Konkurrenz mit den Eltern des Erblassers oder deren Nachkommen: drei Viertel;
- in den anderen Fällen den ganzen Nachlass.

Erbberechtigt sind sodann in erster Linie die Nachkommen. Nachkommen sind die Kinder, die Grosskinder usw. des Erblassers, nicht aber deren Ehegatte (Schwiegersohn/-tochter). Wo Kinder vorhanden sind, schliessen diese ihre eigenen Kinder (Grosskinder) aus. Die Kinder untereinander sind zu gleichen Teilen erbberechtigt. Ist eines der Kinder vorverstorben, so treten an dessen Stelle dessen Nach- — Nachkommen

kommen, das heisst die Grosskinder des Erblassers, und zwar wiederum untereinander zu gleichen Teilen.

Eltern

Sind keine Nachkommen des Erblassers vorhanden, so geht das Erbe (wie bereits ausgeführt unter dem Vorbehalt der Rechte des überlebenden Ehegatten) hälftig an beide Eltern oder, wenn diese vorverstorben sind, an deren Nachkommen (Geschwister, Nichten und Neffen, etc.). Wenn die Eltern des Verstorbenen keine Nachkommen haben,

Grosseltern

geht die Erbschaft an die Grosseltern bzw. an deren Nachkommen (blutsverwandte Onkel und Tanten, Cousinen und Cousins, etc.).

Staat

Fehlt es im Augenblick der Erbschaft an einem überlebenden Ehegatten und auch in der elterlichen und der grosselterlichen Verwandtschaft an blutsverwandten Hinterbliebenen, so wird nach Gesetz der Staat zum Alleinerbe. Meist teilt sich der Kanton mit der letzten Wohnsitzgemeinde den Nachlass hälftig auf.

Die berechtigten gesetzlichen Erben teilen also den gesamten Nachlass unter sich auf, falls nicht ein Erbvertrag oder ein Testament des Erblassers in diese allgemeine Ordnung eingreift. Mit Testament und Erbvertrag kann der Erblasser die gesetzliche und restlose Aufteilung seines Nachlasses unter die gesetzlichen Erben verhindern.

Der Pflichtteil

Die meisten Erblasser sind bei der Abfassung ihres Testamentes nicht ganz frei. Unter den nächsten gesetzlichen Erben geniessen einige für den Fall, dass sie als Erben zum Zuge kommen, für einen Teil ihres gesetzlichen Erbteils einen Anspruch und den Schutz des Gesetzgebers. Dieser geschützte Teil heisst Pflichtteil (réserve héréditaire).

Pflichterben

In ihrem Pflichtteil geschützte Erben sind die Nachkommen, die Eltern und der überlebende Ehegatte. Weitere Erben, wie zum Beispiel Geschwister, entferntere Verwandte oder der Staat, kommen nicht in den Genuss eines Pflichtteilsschutzes.

– Die Nachkommen geniessen für drei Viertel ihres gesetzlichen Erbteils den Pflichtteilsschutz.

- Dem überlebenden Ehegatte ist ein Zweitel seines gesetzlichen Erbteils als Pflichtteil gesichert.
- Vom gesetzlichen Erbteil der Eltern ist ein Zweitel unentziehbar. Sind allerdings Nachkommen des Erblassers vorhanden, werden die Eltern nicht gesetzliche Erben, so dass ihnen auch kein Pflichtteil vorbehalten ist. Über diese Pflichtteile kann der Erblasser nicht definitiv verfügen. Sie sind – Spezialfälle wie Erbverzicht, Ausschlagung der Erbschaft, Enterbung oder Erbunwürdigkeit vorbehalten – grundsätzlich zu respektieren. Testamentarisch oder mit Erbvertrag kann somit in der Regel nur über den ganzen nicht pflichtteilsgeschützten Rest des Nachlasses abschliessend verfügt werden.

Der Erblasser hat die Möglichkeit, in seinem Testament oder Erbvertrag durch zu hohe Vermächtnisse, Erbvorbezüge, Erbabfindungen oder Schenkungen in den letzten fünf Jahren vor dem Erbfall oder durch irgendwelche anderen Begünstigungen Pflichtteile zu verletzen. Die verletzten Pflichterben aber können ihre Pflichtteile richterlich durchsetzen, indem sie deren Wiederherstellung bzw. die Herabsetzung der anderweitigen Begünstigungen verlangen (in erster Linie zulasten der testamentarischen Erbteile, in zweiter Linie auch zulasten der Vermächtnisse). Es steht dem Pflichterben allerdings frei, diese Klage zu unterlassen. Das bedeutet, dass ein Testament, ein Erbvertrag oder eine Schenkung, welche Pflichtteile verletzt, nicht automatisch ungültig ist, sondern nur anfechtbar. Tatsächlich ist die Höhe der Pflichtteile im Augenblick des Erbvertrages, der Schenkung oder der Abfassung des Testamentes ja auch nur für den Moment feststellbar, denn bis zum Erbfall können noch Erben geboren werden oder versterben, es kann geschieden werden, und das Vermögen kann sich namhaft verändern.

Verletzung von Pflichtteilen

Die verfügbare Quote
Der nicht pflichtteilsgeschützte Anteil der Erbschaft wird als verfügbare Quote (quotité disponible) bezeichnet. Über sie kann der Erblasser nach Gutdünken und Willkür bestimmen. Dabei muss er weder einer Logik folgen, noch bedarf er einer Rechtfertigung für sein Tun. Übertreibt er allerdings, riskiert er, dass seine Urteils- und Verfügungsfähigkeit im Augenblick der Testamentsabfassung nachträglich in Zweifel gezogen bzw. die Gültigkeit seines Testamentes vor dem Richter angefochten wird. Die Anfechtung eines letzten Willens wegen mangelnder Verfügungsfähigkeit kann am wirksamsten durch die Errichtung eines öffentlichen (notariellen) Testaments (siehe unten) begegnet werden.

Beispiele

Wie sich die verfügbare Quote im Laufe der Zeit verändern kann, veranschaulichen die folgenden Beispiele:
- Hinterlässt der Erblasser einen Gatten sowie Nachkommen, so hat der überlebende Ehegatte einen Pflichtteil in der Höhe der Hälfte seiner gesetzlichen Hälfte, also $2/8$ des gesamten Nachlasses zugute. Der geschützte Anspruch der Nachkommen beträgt $3/4$ ihrer (das heisst der anderen) Hälfte, also $3/8$. Verfügbar sind somit die restlichen $3/8$.
Stirbt nun der Ehegatte vor dem Erblasser, so fällt nach Gesetz der gesamte Nachlass des Erblassers an die Nachkommen. Weil deren Anteile zu $3/4$ geschützt sind, reduziert sich die verfügbare Quote von $3/8$ auf $2/8$ (= $1/4$).
- Wird der kinderlose Erblasser von seinem Gatten und seinen Eltern überlebt, so hat der Gatte einen geschützten Anspruch von der Hälfte seiner gesetzlichen $3/4$, das heisst $6/16$, und Vater und Mutter von je $1/16$. Die frei verfügbare Quote beträgt in dem Falle die Hälfte ($8/16$) des Nachlasses.
Verstirbt indessen ein Elternteil vor dem Erblasser, erhöht sich die verfügbare Quote um dessen Anteil, und zwar auch wenn der Erblasser noch Geschwister hat (letztere rutschen zwar in dem Fall von Gesetzes wegen

im Prinzip als Erben nach, doch ist ihr Anteil nicht pflichtteilsgeschützt). Die verfügbare Quote steigt also von $8/16$ auf $9/16$.
- Verstirbt der Erblasser ledig und kinderlos und überleben ihn beide Eltern, so beträgt die verfügbare Quote $1/2$ des Nachlasses. Erlebt indes nur ein Elternteil den Todesfall ihres Kindes, so steigt die verfügbare Quote auf $3/4$ des Nachlasses.
- Ganz frei kann der Erblasser über seinen gesamten Nachlass dann verfügen, wenn bei seinem Tod weder Ehegatte, Nachkommen noch Eltern (mehr) am Leben sind.

Wenn beim Ableben des Erblassers kein Testament vorliegt oder zum Vorschein kommt, fällt – wie oben ausgeführt – der ganze Nachlass an die gesetzlichen Erben, wobei die näheren Verwandten die entfernteren vom Erbrecht ausschliessen. Wie dargestellt beträgt die verfügbare Quote in jedem Falle mindestens $1/4$ des Netto-Nachlasses, unter Umständen sogar hundert Prozent. Der Erblasser ist absolut frei, in diesem Rahmen Dritte – und darunter namentlich auch gemeinnützige Institutionen – zu begünstigen.

Spielraum für Legate

Vermacht der Erblasser weniger als er könnte, so fällt dieser Teil in erster Linie an die Erben, nicht aber an die Vermächtnisnehmer.

Oft denkt ein Erblasser nicht daran, dass der Tod seines nahen Verwandten auch die Regelung seines eigenen Nachlasses betrifft und unterlässt es, sein Testament den veränderten Verhältnissen anzupassen. Es ist tatsächlich oft müssig, schon beim Verfassen des Testamentes genau ausrechnen zu wollen, wie viel in abstrakten Zahlen vom Nachlass später, beim eigenen Ableben, frei verfügbar sein wird. Das kann den Berater in Versuchung führen, testierwilligen Personen kurzum anzuraten, über ihr Hab und Gut spontan zu verfügen und die effektive Verteilung den Personen nach dem eigenen Ableben zu überlassen. Sinnvoller und seriöser ist es, generell die Erben (wenn Nachkommen, Gatte oder Eltern vorhanden sind) auf ihren Pflichtteil zu

Familiäre Veränderungen

setzen, nur die bei aktueller Betrachtungsweise möglichen Vermächtnisse festzuschreiben und generell den Rest der frei verfügbaren Quote einem oder mehreren Begünstigten zu vermachen.

Vorbezüge

Hat ein Erbe schon zu Lebzeiten des Erblassers von diesem eine Vermögensabtretung, einen Schuldenerlass oder dergleichen erhalten, namentlich wenn dies «auf Anrechnung zukünftiger Erbschaft» erfolgte, so ist er verpflichtet, diesen Betrag in die Erbteilung einzubringen bzw. sich als Vorbezug anrechnen zu lassen

Die Instrumente der Begünstigung

Erbeinsetzung

Als Erbeinsetzung (institution d'héritier) wird die Zuweisung eines Nachlasses oder dessen Restes als Ganzes oder für einen Bruchteil bezeichnet. Der Bruchteil kann auch in Prozenten des Nachlasses ausgedrückt werden. Wie gross der Erbteil tatsächlich ist, stellt sich erst im Rahmen der Teilung, wenn ein Inventar über Aktiven und Passiven des Nachlasses vorliegt und die Todesfallkosten feststehen, heraus. Ein Erbe übernimmt also Guthaben und Schulden des Erblassers. Der Erbe hat die Möglichkeit auszuschlagen; das wird er vor allem dann tun, wenn sich die Erbschaft als überschuldet erweist.

Vermächtnis

Als Vermächtnis (legs), in der Schweiz auch Legat, in Deutschland und Österreich Kodizill genannt, wird die Zuweisung von Todes wegen eines konkreten, zum Zeitpunkt der Testamentserrichtung bestimmten oder bestimmbaren Vermögensvorteils bezeichnet. Es kann sich um eine einzelne Sache oder einen bestimmten Geldbetrag handeln, um eine Gesamtheit von Sachen – etwa «den Schmuck», ein Konto, eine Sammlung – um ein geldwertes Recht oder um die Befreiung von einer Verbindlichkeit, sei es ganz oder zum Teil. Ein Vermächtnisnehmer hat Anspruch auf das Legat, grundsätzlich unabhängig von allfälligen Schulden des Erblassers. Belastet durch Vermächtnisse sind alle Erben gemeinsam oder im Falle ausdrücklicher Anordnung ein einzelner Erbe. Auch ein Vermächtnis kann ausgeschlagen bzw. es kann darauf verzichtet werden.

Erbvertrag — Gelegentlich haben zu Lebzeiten abgeschlossene Erbverträge (pacte successoral, contrat de succession) einen entscheidenden Einfluss auf die Situation im Einzelfall. Mit einem Erbvertrag – am häufigsten zwischen Ehegatten oder mit Kindern, manchmal auch zwischen Geschwistern – werden meist gegenseitige und unwiderrufliche Rechte und Pflichten festgeschrieben, von denen ein Teil erst beim Ableben einer oder mehrerer Parteien zum Vollzug kommen sollen. Diese Erbverträge müssen – wegen ihrer nachhaltigen Wirkung für die Parteien – zu ihrer Gültigkeit von Gesetzes wegen öffentlich (das heisst notariell) verurkundet werden und gehen allenfalls sogar späteren einseitigen Anordnungen in einem Testament vor; dies soweit, als sie den Umfang des Vermögens des Erblassers, über welches testamentarisch verfügt wird, beeinflussen. Für die restlose Auflösung eines Erbvertrages (mit der Folge der Wiederherstellung der gesetzlichen Regelung) reicht hingegen das schriftliche Einverständnis aller Beteiligten.

Schenkung zu Lebzeiten — Geschenke unter Lebenden haben grundsätzlich mit dem Erbrecht nichts zu tun. Wenn ihr Umfang das Mass gängiger Gelegenheitsgeschenke aber klar übersteigt, können sie für die Berechnung der Pflichtteile und die Ausgleichspflicht unter den Erben relevant werden. Diese Relevanz ist gegeben, wenn die Begünstigung ausdrücklich «unter Anrechnung auf zukünftige Erbschaft» oder dergleichen, innert der letzten fünf Jahre vor dem Erbfall oder irgendwann zur offensichtlichen Umgehung von Pflichtteilsansprüchen vorgenommen wurde.

«Gib mit warmen Händen» — Vor der Alternative von Schenkung zu Lebzeiten und Verfügung von Todes wegen sind unter anderem die folgenden Überlegungen einzubeziehen:
- Wer sein Gut zu Lebzeiten verschenkt, kann danach nicht mehr darüber verfügen. Der Erblasser dagegen erfreut sich so lange er lebt seines Eigentums und hinterlässt einfach den Überrest.
- Wer zu Lebzeiten schenkt, kann die Freude der Beschenkten erleben und die zweckmässige Verwendung mitverfolgen.

– Steuerliche Gesichtspunkte können eine entscheidende Rolle spielen.

Begünstigung aus Lebensversicherung

Lebensversicherungsverträge können grundsätzlich auf den Erlebens- oder auf den Todesfall des Versicherten abgeschlossen sein. Insbesondere bei Auszahlung im Todesfall stellt sich die Frage des Begünstigten. Noch werden in der Regel generell oder in den Allgemeinen Versicherungsbedingungen die Erben oder der Ehegatte als Begünstigte bezeichnet. In der Beratungspraxis des Fundraisers kann ins Auge gefasst werden, als Variante die Begünstigung der Institution ins Gespräch zu bringen, allenfalls für den Fall des Vorversterbens des erstbegünstigten, überlebenden Ehegatten.

Bei Lebensversicherungsverträgen mit einer Sparkapitalkomponente ist zu beachten, dass ihr Rückkaufswert in die Pflichtteilsberechnung einbezogen werden muss. Im übrigen hat die Begünstigung aus Lebensversicherung mit dem Erbrecht nichts zu tun.

Errichtung einer Stiftung

Die Errichtung einer Stiftung (fondation) erfolgt entweder vor dem Notar oder durch letztwillige Verfügung. Eine Stiftung ist eigentlich nichts anderes als ein verselbständigtes Vermögen, das einem bestimmten Zweck gewidmet ist. Die Stiftung und damit deren Vermögen gehört ihr selber, nicht etwa Menschen oder einer Institution. Beherrscht wird die Stiftung allein von ihrem Zweck, welchen der Stifter bei der Errichtung festgelegt hat. Dieser Zweck ist grundsätzlich nicht, bzw. nur mit der Zustimmung der öffentlichen Stiftungsaufsicht, veränderbar. Um handeln zu können, braucht die Stiftung mindestens ein Organ, den Stiftungsrat.

Prinzipiell können Stiftungen nach schweizerischem Recht irgendeinem Zweck dienen, also Zielsetzungen industrieller, gewerblicher, wissenschaftlicher, kultureller, religiöser oder sozialer, eigen- oder gemeinnütziger Art verfolgen. Stiftungen sind deshalb keineswegs automatisch steuerbefreit, sondern nur, wenn ihre Gemeinnützigkeit (utilité publique) von der Steuerbehörde anerkannt wird.

Der Vorteil der testamentarischen Errichtung einer Stiftung besteht vor allem darin, dass eine Stiftung formell nie einfacher und billiger als mit einem Testament errichtet werden kann. Im Zusammenhang mit Legaten wird die Errichtung einer Stiftung etwa dann gewählt, wenn ein Vermögen nicht einer einzigen Institution, sondern nur deren Zweck gewidmet werden soll, etwa weil mehrere Institutionen den gleichen Zweck verfolgen oder weil der Stifter den Organen einer Institution nicht traut. Er muss jedoch seinem Stiftungsrat trauen, denn die staatliche Stiftungsaufsicht ist in der Regel eine sehr summarische. Und er sollte regeln, wie der Stiftungsrat sich selbst irgendwann erneuern kann.

Von der Errichtung einer Stiftung als Instrument zur Begünstigung einer gemeinnützigen Institution ist wegen ihrer grundsätzlich starren Bindung an den vom Stifter festgelegten Zweck eher abzuraten. Es sei denn, der Stifter erleichtere die Anpassung des ursprünglichen Stiftungszweckes an sich verändernde Bedürfnisse und/oder sehe bereits die frühere oder spätere Auflösung der Stiftung vor. Es existieren allerdings bereits heute sehr viele Stiftungen, mit den unterschiedlichsten Zwecken. Die Frage sei deshalb erlaubt, ob es nicht sinnvoller wäre, eine bereits bestehende Stiftung und deren vorhandene Erfahrungen zu nutzen, als eine weitere ins Leben zu rufen. Der Nachteil, sein Geld in eine bestehende Stiftung einzubringen, besteht wohl darin, dass der Name des neuen Stifters im Namen der bestehenden Stiftung nicht Eingang findet und dass mit dem Stiftungsrat in der vorhandenen Zusammensetzung die Zusammenarbeit gesucht werden muss.

Der Fonds (nicht zu verwechseln mit einem Anlagefonds gemäss Bundesgesetz über den Anlagefonds) ist ein Vermögensteil, welcher vom übrigen Vermögen durch irgendwelche Sonderbestimmungen abgegrenzt wird. Diese Sonderbestimmungen können im Rahmen einer testamentarischen oder sonstigen Zweckbestimmung erlassen werden und in einem so genannten Fondsreglement umschrieben sein. Sie können die Widmung des Vermögensteiles zu

Fonds

einem begrenzten Zweck, eine gesonderte Buchhaltung oder Kontenführung, eine spezielle Organschaft oder andere Eigenheiten. Es ist verbreiteter Brauch, aber nicht zwingender Bestandteil des Fondsbegriffes, dass nur seine Erträge, nicht aber die Substanz des Fonds aufgezehrt werden dürfen.

Ein solcher Fonds ist grundsätzlich Teil des Gesamtvermögens, kann prinzipiell nur interne Bedeutung haben und wird durch die betreffende Institution, seine Eigentümerin, eingerichtet. Er fällt wie andere Vermögensteile in die Konkursmasse der Institution, wenn diese ihren Verbindlichkeiten anders nicht nachzukommen vermag. Er kann niemals dazu dienen, etwa die Aufsichtstätigkeit des obersten Organes der Institution auszuschliessen oder zu begrenzen. Das Fondsreglement (inklusive Zweckbestimmung) ist grundsätzlich abänderbar.

Der Fonds wird etwa als der kleine Bruder der Stiftung bezeichnet. Er unterscheidet sich von ihr dadurch, dass er nicht selbständig, sondern Teil des Vermögens seiner Institution ist, und durch die jederzeitige Abänderbarkeit des Zweckes, ohne Mitwirkung einer Aufsichtsbehörde. Eben wegen der fehlenden Rechtspersönlichkeit, der mangelnden Unabhängigkeit von seiner Institution und der Widerruflichkeit seines Zweckes ist er allein einer Steuerbefreiung grundsätzlich nicht zugänglich.

Der Fonds kann jedoch ein taugliches Mittel sein zur Widmung von Mitteln, welche einer Institution zu Lebzeiten oder testamentarisch zur Verfügung gestellt werden, und er kann – was aus Marketing-Gründen von Bedeutung sein kann – wie die Stiftung mit dem Namen und Andenken des Gönners verbunden werden (z.B. Elise Weibel-Fonds für Alleebäume).

Das Testament

Die Formen des Testaments
Die öffentliche Verfügung, auch notarielles Testament (testament public) genannt, charakterisiert sich dadurch, dass sie unter der Mitwirkung einer öffentlichen Urkundsperson (Notar) und Zeugen errichtet wird. Diese Form wird meist deshalb gewählt, weil aufgrund der besonderen Formalitäten und des erhöhten öffentlichen Glaubens das Risiko und die Erfolgsaussicht von Anfechtungen des Testamentes, etwa wegen behaupteter mangelnder Verfügungsfähigkeit aufgrund von Behinderungen oder aus anderen Gründen, faktisch wesentlich reduziert werden können.

notarielles Testament

Die eigenhändige Verfügung, auch eigenhändiges Testament genannt (testament olographe), ist die meistverbreitete Form des Testierens. Zu ihrer Gültigkeit muss sie von Anfang bis Schluss handschriftlich vom Erblasser niedergeschrieben, mit Ort sowie genauem Datum der Errichtung versehen und unterschrieben werden.

eigenhändiges Testament

Die Gewähr, dass auch diese Art Testament tatsächlich umgesetzt wird, kann einerseits durch die Aufbewahrung des Testamentes selber an einem sicheren Ort zu Hause, bei Freunden, bei der Bank oder schliesslich bei der Wohnsitzgemeinde oder nach kantonalem Recht einer anderen Amtsstelle erhöht werden. Aber auch der an einer oder mehreren geeigneten Stellen hinterlegte schriftliche Hinweis, dass ein Testament existiert und wo es sich befindet, ist sehr sinnvoll. So bietet der Schweizerische Notarenverband sein zentrales Testamentsregister zur Registrierung letztwilliger Verfügungen an. Und eine Konvention des Europarates in Strassburg sieht vor, welche Mindestanforderungen die Staaten bei der Registrierung, Aufbewahrung und Auslieferung von Testamenten zu erfüllen haben.

Alle Formen von Testamenten können jederzeit vernichtet oder durch ein neues Testament aufgehoben, ergänzt oder ersetzt werden.

Das Nottestament

Die mündliche Verfügung, auch Nottestament genannt, (testament oral) kann dann gewählt werden, wenn sich der Erblasser aufgrund ausserordentlicher Ereignisse, namentlich in Todesgefahr, keiner anderen Verfügungsformen bedienen kann. Zwei Zeugen müssen die Verfügung entgegennehmen, so rasch als möglich schriftlich festhalten und bei einer Gerichtsbehörde niederlegen. Kann der Erblasser nachträglich eine andere Verfügungsform wählen, fällt die Gültigkeit des Nottestaments nach vierzehn Tagen dahin.

Ziele der Testamentsabfassung

Das Ziel der Abfassung eines Testamentes ist es, eine den persönlichen Bedürfnissen und Wünschen des Testators besser entsprechende Regelung des Nachlasses zu treffen als dies die Lösung des Gesetzgebers tut. Tatsächlich enthält die gesetzliche Erbfolge eine Lösung, welche vor bald hundert Jahren einem allgemeinen Volksempfinden der Gerechtigkeit entsprach und offenbar bis heute nicht auf grundsätzliche Ablehnung stösst. Sie will und kann aber nicht auf individuelle Beziehungen, Werthaltungen und Vermögensverhältnisse konkret und gezielt eingehen. Ihr Schematismus entspricht zudem, wie oben bereits ausgeführt, nicht mehr den allgemeinen gesellschaftlichen Veränderungen der neueren Zeit, noch den veränderten Bedürfnissen des Zusammenlebens des heutigen Menschen.

Begünstigung des überlebenden Ehegatten

Viele Eheleute wollen dem überlebenden Ehegatten durch eine maximale Begünstigung die Fortsetzung des bisherigen Lebensstiles und zusätzliche finanzielle Sicherheit durch einen möglichst grossen Teil des Vermögens verschaffen. Die verbreitete Meinung, der überlebende Ehegatte werde automatisch alleiniger Eigentümer des gesamten ehelichen Vermögens ist nur bedingt richtig. Begrenzt wird sein Anspruch von Gesetzes wegen nebst formellen Anforderungen (Ehe- und/oder Erbvertrag) durch den Pflichtteilsschutz der anderen Erben. Richtig ist immerhin, dass der überlebende Ehegatte, wenn Nachkommen da sind, schon ohne Testament im Normalfall (je nach Güterstand) die Hälfte aus Güterrecht und einen weiteren Viertel aufgrund von Erbrecht behält.

Wenn die anderen pflichtteilsgeschützten Erben nicht opponieren, können die Ehegatten einander das ganze Hab und Gut hinterlassen. Wo nur gemeinsame Nachkommen vorhanden sind, führt das für sie nur zu einem Erbaufschub, und sie werden eine solche Regelung eher akzeptieren. Wo aber Eltern oder die Nachkommen nur eines Ehegatten vorhanden sind, kann die Zuweisung an den überlebenden Gatten für sie zum vollständigen oder teilweisen Verlust ihrer Ansprüche führen. Denn diese Angehörigen des Erstversterbenden haben im Nachlass des Zweitversterbenden von Gesetzes wegen keine Rechte. Dem kann allerdings formell mit einem Testament oder einem Erbvertrag weitgehend abgeholfen werden, materiell mit der ausdrücklichen Begünstigung der Angehörigen des Erstversterbenden, etwa in einer Nacherben- oder Ersatzerbeneinsetzung. Das Einräumen einer Nutzniessung, beim Wohnhaus etwa als lebenslängliches Wohnrecht, kann hier oft befriedigende Abhilfe schaffen. Die durch das Nutzniessungsrecht belasteten, pflichtteilsgeschützten Erben erwerben dann vorläufig das «nackte Eigentum», welches für sie immerhin als Sicherheit für ein Bankdarlehen nutzbar ist. Der Nutzniesser aber bezahlt sämtliche Lasten (Unterhaltskosten, Liegenschaftssteuern, Hypothekarzinsen, Gebäudeversicherungsprämien, etc.) des von ihm genutzten Hauses. Bei der Berechnung, ob die Pflichtteile eingehalten sind oder verletzt werden, wird vom Verkehrswert der Liegenschaft der kapitalisierte Wert der Nutzniessung abgezogen. Diese Kapitalisierung geht unter anderem von der Lebenserwartung des überlebenden Ehegatten beim Ableben des erstversterbenden aus. Je jünger der überlebende nutzniessungsberechtigte Ehegatte ist, umso kleiner wird der Wert, mit welchem die Liegenschaft in der Pflichtteilsberechnung der anderen Erben veranschlagt wird.

Eine allgemein gültige Empfehlung, wie eine maximale Begünstigung des überlebenden Ehegatten zu bewerkstelligen sei, lässt sich indes nicht abgeben. Nicht zuletzt können auch steuerliche Gesichtspunkte eine gewichtige Rolle spielen. Die Unterschiede nach Kantonen und Staaten gehen weit über divergierende Steuersätze hinaus. Und schliesslich bieten ehe- und erbvertragliche Regelungen, die Schenkung zu Lebzeiten – mit oder ohne Anrechnung auf künftige Erbschaft – sowie die Begünstigung aus Lebensversicherungen oft alternative und massgeschneiderte Möglichkeiten zur maximalen testamentarischen Begünstigung des überlebenden Ehegatten.

Begünstigung des Partners ohne Trauschein Das Konkubinat, die eheähnliche Lebensgemeinschaft ohne Trauschein, ist heute ein häufiger und wichtiger Grund für die Abfassung eines Testamentes. Es ist auch der häufigste Anlass dafür, dass Eltern zu Gunsten des Lebenspartners ihres Kindes einen Erbverzichtsvertrag (siehe oben) eingehen. Dadurch treten sie als pflichtteilsgeschützte Erben zugunsten des Konkubinatspartners in ihren Rechten zurück. Schliesslich wird die heutige Relevanz des Konkubinates für gemeinnützige Institutionen durch den Umstand unterstrichen, dass unter den Gross- und Legatsspendern der Anteil der im Konkubinat lebenden Personen signifikant grösser sein dürfte als im Durchschnitt der Gesamtbevölkerung. Auch muss aus den nachfolgend dargestellten Gründen bei Personen im Konkubinat in der Regel nicht lange für das Abfassen eines Testamentes geworben werden.

Lebenspartner ohne Trauschein – handle es sich um gleichgeschlechtliche oder heterosexuelle Beziehungen – stehen nach geltendem Recht zueinander in keiner familienrechtlichen Verbindung oder privilegierten Rechtsstellung. Das alte Spannungsverhältnis kam im Code Napoleon etwa so zum Ausdruck: «Les concubins se passent de la loi – la loi se désintéresse d'eux.» Sie werden denn auch im Schweizer Recht bisher allgemein gleich behandelt wie irgendwelche aussenstehende Personen untereinander und sind auf die auch sonst allgemein zugänglichen Vertrags- und Verfügungsmöglichkeiten verwiesen. Immerhin werden heute die unter ihnen abgeschlossenen Verträge nicht mehr als ungültig betrachtet, wie das noch vor wenigen

Jahrzehnten der Fall war, als das Zusammenleben ohne Trauschein als unsittlicher Rechtsgrund galt.

Der Lebenspartner ohne Trauschein hat kein gesetzliches Erbrecht. Soll er begünstigt werden, so ist sein Partner auf den erbvertraglichen oder den testamentarischen Weg verwiesen. Die Möglichkeit zur Begünstigung beschränkt sich auf den verfügbaren Teil des Nachlasses, das heisst es sind allfällige Pflichtteile gesetzlicher Erben zu respektieren, es sei denn, es liege (wie oben angetönt) ein Erbverzichtsvertrag vor.

Auch bei der Erbschaftssteuer kommen die Konkubinatspartner in den meisten Kantonen nicht wie Verwandte in den Genuss privilegierter Steuersätze. Der Staat ist deshalb an einer erbrechtlichen Begünstigung der Lebenspartner ohne Trauschein fiskalisch interessiert.

Wenn die Erhaltung eines Familienbetriebes, allenfalls sogar unter der Leitung eines oder mehrerer Familienmitglieder, zu den Zielsetzungen der Nachlassregelung gehört, dürfte das Erbrecht und das Testament allein in aller Regel überfordert sein. Diese Zielsetzung erheischt eine eigentliche langfristige Nachfolge- und Personalplanung, eine Sicherstellung der finanziellen Unabhängigkeit, eine Produktestrategie, etc., und nicht zuletzt eine steuerliche Optimierung dürfte in dem Falle im Vordergrund stehen. Insbesondere werden sich auch im hier zur Verfügung stehenden Rahmen nicht verlässliche Aussagen für den konkreten Einzelfall formulieren lassen. Der Fundraiser gemeinnütziger Institutionen wird sich hier in den meisten Fällen darauf beschränken müssen, auf die Möglichkeit einer teilweisen Begünstigung seiner Institution hinzuweisen und im übrigen seinen Klienten an eine Fachperson verweisen müssen.

Erhaltung des Familienbetriebes

Oft ist es die Beziehung zu lieben Freunden und die Dankbarkeit für erfahrene Liebe und Treue, die zur Begünstigung führt. Auch Familientradition kommt in Frage, besonders wenn es um Familienerbstücke geht oder um das Beisammenhalten des Familiensitzes, des Elternhauses, eines Familienbetriebes etc., welche nach dem Ableben in

Begünstigung der nächsten Freunde und Verwandten

die geeignetsten Hände gelangen sollen. Tradition spielt auch mit, wenn Paten ihrem Patenkind als besondere Aufmerksamkeit und Zeichen der Verbundenheit ein Vermächtnis ausrichten. Diese Zielsetzungen können im Rahmen von Erbteilen oft weitgehend bereits durch spezielle Teilungsvorschriften (z. B. Zuweisung bestimmter Gegenstände) erreicht werden. Dankbarkeit für eine liebevolle Betreuung und Pflege führen auch oft zur Begünstigung von Pflegepersonen oder von Organisationen, welche sich um die Erforschung oder Linderung von besonderen Krankheiten speziell kümmern.

Ziele und Werte des Testamentverfassers

Das Testament ist die letzte Gelegenheit, seinem Leben einen Sinn zu geben. Es ist die Gelegenheit, zu Lebzeiten Unmögliches oder Versäumtes nachzuholen. In diesem Sinne können der Testamentserrichtung Analogien zum mittelalterlichen Ablasswesen nachgesagt werden. Mit einem Testament können aber auch Werthaltungen und ideelle Zielsetzungen zum Ausdruck gebracht werden. Ein Wert, den der Verfasser eines Testamentes auch in jedem Fall verfolgen kann, ist das Vermeiden von Streit unter seinen Erben; was er anordnet, handle es sich um Begünstigungen oder Teilungsvorschriften, ist nicht mehr diskutierbar.

Begünstigung gemeinnütziger Institutionen

Werthaltungen, die Fortführung eines zu Lebzeiten erfüllten Engagementes nach dem Ableben zugunsten von gemeinnützigen, oft mit religiösen, kulturellen, wissenschaftlichen, umweltschützerischen, sozialen oder anderen Zielsetzungen, sind oft die Triebfeder zur Begünstigung von Todes wegen. Es ergibt sich aber auch die Gelegenheit, mit einem Legat seinem lebzeitigen Engagement dann die Krone aufzusetzen, wenn der bisher konkurrierende eigene Bedarf nach finanziellen Mitteln und finanzieller Sicherheit wegen Verlassens dieser Welt dahinfällt. Mit dem Tod werden die ein Lebtag lang angesparten Mittel mit einem Mal frei und sind zwingend weiterzugeben. Der Erblasser hat nur die Wahl zwischen dem Verschenken seiner irdischen Habe und der Enteignung durch den Tod. Der Zeitpunkt, mit seinem Testament etwas so Grosses zu vollbringen, dass sich der Erblasser zu seinen Lebzeiten damit total ruiniert hätte, ist also der beste und leichteste.

Die Steueroptimierung hat diverse und zum Teil sehr unterschiedliche Aspekte zu berücksichtigen. Nicht nur der Wohnsitz des Erblassers, auch die Abwägung der Varianten der Rechtsgestaltung und Begünstigung sind in die Überlegungen einzubeziehen. So können je nach steuerlichen Rahmenbedingungen Schenkungen zu Lebzeiten, die Einräumung einer Nutzniessung, die Umwandlung einer Einzelfirma in eine handelsrechtliche Gesellschaft, die Errichtung einer Stiftung, gewisse Formen der privaten Altersvorsorge, ein Lebensversicherungsvertrag oder ein erbrechtlicher Vorbezug usw. legitime Vorteile der Steuerersparnis nach sich ziehen. Die Vorteile können zu Lebzeiten des Erblassers oder erst nach seinem Ableben eintreten, sie können der ganzen Erbengemeinschaft oder den einzelnen Erben in allenfalls unterschiedlichem Ausmass zugute kommen.

Aspekte der Steuerersparnis

Die Abfassung des Testamentes

Die Vorbereitung des Testamentes

Die Errichtung eines Testamentes ist in den wenigsten Fällen ein spontaner Akt, welcher in einem Zug vom Anfang bis zum Ende geführt wird. Für die meisten Personen handelt es sich um einen Prozess, welcher in vielen Fällen über mehrere Etappen der Auseinandersetzung mit dem Thema, bis zur Niederschrift und Hinterlegung, oft über Wochen oder gar Jahre, abläuft. Auf die psychische Entwicklung, welche Testatoren vielfach durchschreiten und welche vom Fundraiser mehr oder weniger geschickt begleitet werden kann, wurde oben bereits eingegangen.

Es braucht Zeit!

In der ersten Phase muss meist vorbereitend der Wissensstand hergestellt werden, was der Gesetzgeber an Regeln für die Teilung aller Nachlässe vorgesehen hat für den Fall, dass keine letztwillige Verfügung vorliegt. In den meisten Fällen – die Erfahrung zeigt, dass der so genannte Normalfall recht selten vorkommt – dürfte sich sehr bald

Warum nicht die gesetzliche Erbfolge

herausstellen, dass die gesetzliche Erbfolge nicht nur den heutigen Bedürfnissen allgemein, sondern auch den konkreten Vorstellungen im persönlichen Einzelfall nicht entspricht. Ein Bewusstwerden der persönlichen Beziehungen und Interessen wird diesen Eindruck vervollständigen. Mit Fug kann man von dieser Phase als von einer Konkurrenzsituation zwischen der gesetzlichen Dutzendlösung und der massgeschneiderten Abstimmung auf individuelle Bedürfnisse sprechen. Der einfühlsame Fundraiser dürfte in dieser Phase oft einen leichten Etappensieg davontragen können.

In erster Linie hat der Fundraiser darzustellen, dass und inwiefern die gesetzliche Erbfolge eine in den weitaus meisten Fällen unpassende Dutzendlösung darstellt.

Inventar

Als Zweites ist einem potentiellen Erblasser zu empfehlen, sich über seine Vermögenslage ein Bild zu verschaffen. Viele Menschen sind sich nicht bewusst, mit welchen Werten sie sich im Laufe ihres Lebens umgeben konnten. Das kann ein schönes Bild oder eine Sammlung, Erbstücke aus der Familie, ein Sparkonto oder Wertschriftenbesitz, eine Liegenschaft, usw. sein. Ein Inventar – und sei es auch nur in der Form einer einfachen Liste – zu erstellen und die vorhandenen Werte (allenfalls unter Beizug einer Fachperson) zu schätzen, dürfte für manchen Erblasser nicht nur ein erinnerungsschweres und erfreuliches Erlebnis sein, sondern ist auch für die Abfassung eines Testamentes eine wertvolle Vorarbeit. Die letzte Steuererklärung des Erblassers wird bei dieser Tätigkeit höchstens als ein Hilfsmittel, allenfalls als Ausgangspunkt, für die detailliertere Erfassung dienen können, nicht aber das Inventar als Grundlage für ein Testament ersetzen können.

Nur wer sein Eigentum kennt, kann es gezielt Personen und/oder Institutionen zukommen lassen.

Was will der Erblasser?

In der dritten Etappe des Entschlusses zur Abfassung eines Testamentes treten die konkreten Vorstellungen des Erblassers in den Vordergrund. Was bezweckt der Erblasser,

und welche Ziele verfolgt er? Zu berücksichtigen sind etwa:
- der Entschluss, das starre Zerschneiden des Nachlasses nach Gesetz durch eine individuell massgeschneiderte Zuteilung oder Begünstigung zu ersetzen;
- das Bestreben, Streit unter den Erben zu vermeiden;
- der Wille, konkrete Gegenstände genau bezeichneten Personen anzuvertrauen
- der Wunsch, etwa einem Patenkind oder Freund eine besondere Freude zu bereiten;
- die Dankbarkeit gegenüber einer Person, welche dem Erblasser Gutes erwiesen hat;
- die Absicht, dem Lebenspartner die Weiterführung des bisherigen Lebensstils zu ermöglichen;
- das Bedürfnis, etwas nachzuholen, was man zu Lebzeiten unterlassen hat oder gar ein schlechtes Gewissen zu beruhigen (Ablass-Motiv)
- eine moralische Verpflichtung aufgrund einer Familien- oder Gruppentradition;
- eine Werthaltung oder die Erkenntnis, dass eine ideelle Zielsetzung oder eine konkrete Institution finanzieller Unterstützung würdig ist;
- der Wille, ein Gutes Werk, das der Erblasser zu Lebzeiten unterstützt hat, über den Tod hinaus weiter gedeihen zu lassen;
- die Möglichkeit, mit dem ein Leben lang Zusammengesparten etwas Grosses zu vollbringen oder sich ein ehrendes Andenken zu verschaffen, allenfalls auf Dauer.

Wer sein Testament verfasst, wird dabei unweigerlich zum Wohltäter.

Wer Institutionen des öffentlichen Wohls begünstigt, nimmt damit schon eine Zweckbestimmung vor, welche sich aus den statutarischen Zielsetzungen der Institution ergibt. Viele Verfasser von Testamenten möchten indes noch weiter gehen bzw. präziser bestimmen, wofür die zur Verfügung gestellten Mittel eingesetzt werden sollen. Meist sollen sie vor allem nicht in «die Administration» fliessen, sondern

Zweckbestimmungen

eine «direkte Wirkung» erzielen. Dabei wird oft vergessen, dass «die Administration» nicht definitiv umschrieben ist oder werden kann. So wird eine Dachorganisation diverse koordinierende und damit «administrative» Funktionen wahrnehmen. Und der Aufwand für Mechanismen, welche einen bestimmungs- und zweckmässigen Mitteleinsatz gewährleisten sollen (worauf Gönner zu Recht meist grössten Wert legen), dürfte wohl ebenfalls allgemein den Administrationskosten zugerechnet werden.

Verbindlichkeit

Der Wunsch des Testators ist in jedem Falle absolut zu respektieren, und zwar sowohl vom Fundraiser im Augenblick der Abfassung des Testamentes wie auch später von der Institution beim Einsatz der zur Verfügung gestellten Mittel. Solche Zweckbestimmungen in Testamenten sind Auflagen, bei deren Nichterfüllung andere Erben die Rückerstattung verlangen können.

Fundraiser wie Fachberater werden gut daran tun, den Testator behutsam darauf aufmerksam zu machen, dass Gewichtung und Dringlichkeit des Handlungs- und des Finanzbedarfes sich in der Zeit bis zu seinem Tod wesentlich verschieben können. Um der Organisation nicht goldene Fesseln anzulegen, wird er sich bemühen, im vorsichtigen Gespräch die Zweckbindung so allgemein wie möglich zu formulieren. Ohnehin wird der Legatär dem begünstigten Werk das Vertrauen schenken wollen und müssen, dass es die anvertrauten Mittel sinnvoll einsetzen wird.

Je allgemeiner die Zweckbestimmung eines Legates ist, desto eher kann es die Institution dort einsetzen, wo der Handlungsbedarf am grössten oder am dringlichsten ist.

Projekte

Ein besonderer Aspekt der (allzu) detaillierten Zweckbestimmung ist die Bindung einer Begünstigung von Todes wegen an einzelne konkrete Projekte. Wenn sich Projekte bereits in der Realisierungsphase befinden, eignet sich das Legat für dessen Unterstützung kaum, denn das Projekt dürfte in den meisten Fällen bereits abgeschlossen sein, bevor der Erblasser das Zeitliche segnet. Für die Unterstützung aktueller Projekte sind Gönnerbeiträge Lebender besser geeignet als Begünstigungen von Todes wegen – nicht zuletzt auch, weil der Gönner den Fortschritt, Abschluss und Erfolg des Projektes und seiner Unterstützung selber verfolgen kann.

Die Organisation wird im Interesse aktiver Akquisition von Legaten indessen gut daran tun, aus den verschiedenen Aktionsbereichen oder Sparten ihrer Tätigkeit eine Liste nicht dringlicher Projekte in sehr unterschiedlicher Grössenordnung (2000 bis eine halbe Million Franken) bereit zu stellen. Der Testator kann dann ein Projekt seiner Wahl reservieren und sein Legat diesem zuwenden. Zur Realisierung des Projektes kommt es erst nach dem Ableben des Testators, wenn das Legat eintrifft. Dieses Vorgehen ist insbesondere für denjenigen Testator motivierend, welcher sich ein Denkmal setzen will. Am Fundraiser ist es, mit dem Testator zu diskutieren, ob und wie sein Name mit dem Projekt verbunden und öffentlich bekanntgemacht werden könnte. Damit nähert sich die Legatspromotion dem Projekt-Sponsoring an.

Projekt-Sponsoring eignet sich nicht nur für Firmen, sondern bei aufgeschobenen Projekten auch für die Legatspromotion.

Sind die Grundlagen vereint, kann der Erblasser an die Abfassung seines Testamentes gehen. Voraussetzung für die Gültigkeit des eigenhändigen Testamentes ist die formelle Anforderung, von der Überschrift bis zu Errichtungsort und Datum sowie der Unterschrift alles handschriftlich niederzuschreiben. Werden die formellen Anforderungen verletzt, wird das Testament auf Klage hin ungültig erklärt und hat dann nur den Charakter und die Durchsetzbarkeit eines Wunsches des Erblassers. — Formelle Anforderungen

Umfang und Detaillierungsgrad des Testamentes unterliegen hingegen keiner Beschränkung. Die Testaments-Beispiele im Anhang veranschaulichen ein paar Möglichkeiten der materiellen Ausgestaltung.

Aufbau

Für den redaktionellen Aufbau eines Testamentes hat sich das folgende Schema bewährt:
- Vorweg ist die Frage zu beantworten, ob frühere Testamente aufzuheben sind. Dies empfiehlt sich der Klarheit wegen einleitend in jedem Testament. Wenn Ehe- oder Erbverträge bestehen, welche zu berücksichtigen sind, ist hier ein sehr geeigneter Ort zu deren Erwähnung.
- Als Zweites ist die Frage zu beantworten, ob einzelne oder alle Pflichtteilserben auf ihren Pflichtteil gesetzt werden sollen oder nicht.
- Als Drittes werden die Vermächtnisse und deren Begünstigte festgelegt.
- Danach können die eingesetzten Erben bezeichnet werden,
- und dann folgen meist noch besondere Anordnungen (Teilungsvorschriften, Ersatz- und Nacherben, wenn diese nicht bereits erwähnt wurden, die Bezeichnung eines Willensvollstreckers und dessen Stellvertreters etc.)

Teilungsvorschriften

Wenn aus der letztwilligen Verfügung nichts Anderes ersichtlich ist, gilt die Zuweisung einzelner Gegenstände des Nachlasses an Personen, welche auch als gesetzlicher Erbe zum Zuge kommen, als eine Teilungsvorschrift. Das bedeutet, dass zum Beispiel ein hochgeschätztes Familienerbstück diesem Erben an seinen Teil angerechnet wird, ihm also nicht als zusätzliches Vermächtnis zusteht. Bei allen anderen Personen, welche nicht auch als gesetzliche Erben zum Zuge kommen, sind derartige Vermächtnisse vollumfänglich gültig, wenn sie nur keinen Pflichtteil verletzen.

Der Erblasser kann also alle seine Wertgegenstände und anderen Vermögensteile konkreten Personen oder Institutionen zuweisen. Ob er damit Pflichtteile verletzt, kann er im Zeitpunkt des Verfassens seines Testamente nicht abschliessend wissen, denn Pflichtteilserben können bis zum Tod des Erblassers ihrerseits versterben. Verletzen die Vermächtnisse einen Pflichtteil, so kann ein benachteiligter Erbe das Testament so weit anfechten bzw. die Herabsetzung der Vermächtnisse so weit verlangen, bis sein Pflichtteil wieder hergestellt ist. Die Erfahrung zeigt indes, dass relativ selten Pflichtteilsschutzklagen erhoben werden. Offenbar respektieren verletzte Erben in vielen Fällen den letzten Willen des Erblassers freiwillig, oder sie haben keine Kenntnis von ihrer Möglichkeit der Anfechtung. Man ist darum versucht zu empfehlen: «Verletze nur munter drauflos Pflichtteile.» Der seriöse Berater wird es indes vorziehen, nur zur Ausrichtung von voraussichtlich unanfechtbaren Vermächtnissen und der Zuweisung des Restes der verfügbaren Quote an einen oder mehrere Begünstigte zu raten.

Wer durch Errichtung seines Testamentes bestehende Pflichtteile verletzt, macht dieses dadurch nicht ungültig, sondern nur anfechtbar.

Die einzelnen Schritte der Abfassung

Jede Verfügung von Todes wegen ist jederzeit durch eine neue ersetzbar, und jedes Testament kann durch seine Vernichtung (Zerreissen, Verbrennen, Beiseiteschaffen) ausser Kraft gesetzt werden. Bei mehreren Testamenten gilt in erster Linie das zuletzt erstellte, und die älteren nur soweit, als sie mit den jüngeren nicht im Widerspruch stehen. Die Auslegung der Testamente erfolgt mit dem Ziel, den Willen des Erblassers zu erkennen. — Abänderlichkeit

Wurde früher ein Erbvertrag – von Gesetzes wegen in notarieller Form – abgeschlossen, so bedarf es zu dessen Aufhebung nur der schriftlichen Übereinkunft aller am Vertrag beteiligten Parteien. Ein neuer Gang zum Notar ist also nicht erforderlich.

Wenn keine Diskussionen um die Auslegung entstehen sollen, ist es am einfachsten und sichersten, bei jeder neuen Abfassung seines Testamentes vorweg alle früher erstellten ausser Kraft zu setzen. Sollen Begünstigungen aus früheren Verfügungen weiterhin gelten, können sie ohne grosse zusätzliche Mühe im neuen Testament erneut festgehalten werden. — Aufhebung früherer Testamente

Sobald der Erblasser Begünstigungen anderer Personen oder Institutionen ausspricht als der zum Zuge kommenden gesetzlichen Erben, reduziert er deren gesetzlichen Erbteil. Er kann dies bis auf die Höhe der pflichtteilsgeschützten Quote problemlos tun. Geht er weiter, so verfügen die pflichtteilsgeschützten Erben über eine Anfechtungsmöglichkeit bzw. einen Herabsetzungsanspruch der freien Begünstigungen, bis ihr Pflichtteil wieder hergestellt ist. Viele Erben werden von dieser Möglichkeit nicht Gebrauch machen, sei es aus Respekt für den letzten Willen des Erblassers, sei es aus Unkenntnis. Der Pflichtteilsschutz ist somit unter formellen Gesichtspunkten insofern nur ein relativer, als er nicht von Amtes wegen und automatisch, sondern nur auf Klage hin zum Tragen kommt.

Viele Erblasser möchten nur gewisse Gegenstände oder Werte bestimmten Personen oder Institutionen zuwenden, das heisst Vermächtnisse ausrichten oder zusätzlich zu den gesetzlichen Erben weitere Erben einsetzen. Darin sind sie im Rahmen der verfügbaren Quote frei. Sie brauchen in dem Falle niemanden ausdrücklich auf den Pflichtteil zu setzen.

Setzen auf den Pflichtteil

Ein anderer Typus von Erblassern möchte grundsätzlich so weit wie möglich frei über seinen Nachlass bestimmen. Setzt er die gesetzlichen Erben auf den Pflichtteil, so nimmt er sich damit nicht die Möglichkeit, einzelne von ihnen dann doch, zum Beipiel mit einem Vermächtnis, ganz speziell zu begünstigen. Dies betrifft alle zum Zuge kommenden gesetzlichen Erben: Die pflichtteilsgeschützten bezüglich ihres Teils der verfügbaren Quote, die anderen gesetzlichen Erben bezüglich ihres ganzen Erbteils. Wenn der Erblasser nicht einleitend die Erbberechtigten auf ihre Pflichtteile setzt, ändert das an seiner Verfügungsmacht zwar nichts. Wenn er es aber tut, schafft er von Anfang an Klarheit.

Mit der Begrenzung der Erbteile auf die Pflichtteile verschafft sich der Erblasser – je nach dem Verwandtschaftsgrad der gesetzlichen Erben – Handlungsspielraum im Umfang von (mindestens) 25 bis 100 Prozent seines Nachlasses. Diese verfügbare Quote kann er nun zuteilen, in Vermächtnissen und Erbeinsetzungen.

Es empfiehlt sich, die Vermächtnisse vor den Erbeinsetzungen vorzunehmen. Die Vermächtnisse gehen zulasten der Erben. Was nach den Vermächtnissen von der verfügbaren Quote übrigbleibt, kommt den Erben zugute; je mehr an Vermächtnissen ausgerichtet wird, desto kleiner werden die Erbteile. Vermächtnisse können (wie Erbteile) mit Auflagen und Bedingungen verbunden werden, und der Empfänger kann auf ein Vermächtnis verzichten.

Bezeichnung des Vermächtnisses

Mit der Bezeichnung der Erben verfügt der Erblasser über den ganzen Rest seines Nachlasses, welcher nicht durch Pflichtteile gebunden oder bereits durch Vermächtnisse zugeteilt ist. Er kann dies zu gleichen oder zu ungleichen Teilen tun, in einem Prozentsatz oder einem Bruchteil. Alle Erben haben die Schulden des Erblassers, die Todesfallkosten und die Vermächtnisse gemeinsam zu tragen. Sie können deshalb einzeln oder gemeinsam ihre Erbteile ausschlagen, das heisst darauf verzichten; sie werden das in der Regel nur bei Überschuldung der Erbschaft tun.

Bezeichnung der Erben

Wo keine pflichtteilsgeschützte, sondern nur andere gesetzliche Erben vorhanden sind, kann der Erblasser frei verfügen. Er kann zusätzlich zu den gesetzlichen Erben oder an deren Stelle Personen und Institutionen als Erben einsetzen.

Vermacht der Erblasser mit Vermächtnissen weniger als er könnte, so fällt dieser Teil in erster Linie an die Erben, nicht aber an die Vermächtnisnehmer. Hat er seine gesetzlichen Erben auf den Pflichtteil gesetzt, so profitieren diese trotzdem von der unvollständigen Zuteilung, wenn er keine anderen Erben eingesetzt hat.

Wie gross der frei verfügbare Teil des Erbes ist, kann im Zeitpunkt der Testamentsabfassung nur unter grössten Vorbehalten festgestellt werden, speziell wenn ältere Personen pflichtteilsgeschützte Ansprüche haben oder wenn das Testament längere Zeit vor dem Ableben verfasst wird. In der Zwischenzeit bis zum Erbfall können insbesondere noch weitere Nachkommen geboren werden, die Ehe des Erblassers durch Scheidung oder Tod des Gatten aufgelöst werden oder Elternteile wegsterben. Wenn ein solches Ereignis eintritt, denkt ein Erblasser oft nicht daran, dass es auch auf seinen eigenen Nachlass Auswirkungen hat und unterlässt es, sein Testament den veränderten Verhältnissen anzupassen. Es ist deshalb oft müssig, schon beim Verfassen des Testamentes genau ausrechnen zu wollen, wie viel vom Nachlass später, beim eigenen Ableben, frei verfügbar sein wird. Es empfiehlt sich daher, nicht mehr als die voraussichtlich verfügbare Quote an Vermächtnissen auszurichten, und für den Rest der verfügbaren Quote Erben (Personen oder Institutionen) einzusetzen.

Teilungsvorschriften

Schliesslich sind noch die sogenannten Teilungsanordnungen zu erwähnen. Mit ihnen bestimmt der Erblasser, welcher Erbe welche konkreten Vermögenswerte erhalten soll. Teilungsanordnungen richten sich immer an Personen, welche als Erben zum Zuge kommen. In anderen Fällen handelt es sich allenfalls um Vermächtnisse. Die einzige gesetzliche Teilungsanordnung ist das Vorrecht des Ehegatten am Hausrat und der ehelichen Wohnung.

Teilungsvorschriften sind grundsätzlich verbindlich, namentlich auch für den Willensvollstrecker, und können gerichtlich durchgesetzt werden. Die Teilung kann aber im gegenseitigen Einvernehmen unter den Erben anders vorgenommen werden, als dies der Erblasser festgelegt hat.

Anordnungen für den Todesfall

Es steht dem Testator grundsätzlich frei, in seinem Testament auch Dankesabstattungen und Anordnungen für seinen Todesfall festzuhalten. Meist handelt es sich um Belange, welche dem Erblasser zwar wichtig sind, aber eigentlich mit dem Testament und der Regelung des Nachlasses nichts zu tun haben. Als Beispiel seien Anordnungen erwähnt, was mit dem Leichnam geschehen solle, wie die Abdankungsfeier ablaufen möge und dergleichen. Weil das Testament oft erst nach der Abdankung eröffnet wird, ist es sinnvoll, solche «Anordnungen für den Todesfall» in einem separaten Schriftstück festzuhalten und zum Beispiel beim Pfarrer oder einer anderen Vertrauensperson so zu hinterlegen, dass sie rechtzeitig zur Kenntnis genommen und umgesetzt werden können.

Die Sicherung des Testamentes

Die Hinterlegung

In der letzten Phase sollte die geeignete Hinterlegung nicht vergessen werden, welche sicherstellt, dass die letztwillige Verfügung nach dem Ableben auch tatsächlich eingeliefert, eröffnet und vollstreckt wird. Von Gesetzes wegen sind die Kantone verpflichtet, geeignete Hinterlegungsstellen für Testamente zur Verfügung zu stellen. In den meisten Kantonen ist die Gemeindekanzlei am Wohnsitz für die Entgegennahme oder den Verweis auf die Hinterlegungsstelle zuständig. Notarielle Urkunden werden immer vom Notar im Original aufbewahrt.

Ort der Hinterlegung

Damit die Testamente Verstorbener auch tatsächlich eingeliefert werden, hat der Schweizerische Notarenverband zusätzlich ein zentrales Register eingerichtet, welches über den Hinterlegungsort von letztwilligen Verfügungen Auskunft gibt. Die dortige Meldung ist aber zur Zeit erst für wenige Kantone vorgeschrieben. Der Europarat hat der Meldung von Testamenten in den Mitgliedländern bereits eine eigene Konvention gewidmet, welche Minimalstandards der Hinterlegung umschreibt.

Testamentsregister

Auf den Namen lautende Konten und Tresor-Fächer dürften nach dem Todesfall automatisch Beachtung erfahren. Das Testament selber oder ein Hinweis auf dessen anderweitigen Aufbewahrungsort wird dort also mit grosser Wahrscheinlichkeit zum Vorschein kommen. Diejenigen Dritten, welche über die Zugangsvollmacht verfügen, dürften indes oft persönlich am Inhalt des Testamentes interessiert sein. In jedem Falle empfiehlt es sich, Testamente in einem verschlossenen, angeschriebenen Umschlag aufzubewahren und zu hinterlegen. So wird es dem Finder erschwert, die Einlieferung davon abhängig zu machen, ob er begünstigt wird oder nicht.

Hinweise auf den Fundort

Es nützt das grosszügigste Testament nichts, wenn es nach dem Ableben nicht zum Vorschein kommt und deshalb nicht umgesetzt werden kann.

Schliesslich ist daran zu erinnern, dass jedes Testament jederzeit ausser Kraft gesetzt und durch ein neues ersetzt bzw. ergänzt werden kann. Ein Testament kann auch einfach vernichtet werden, dann lebt das letzte frühere Testament wieder auf oder, wenn kein solches existiert, kommt wieder die gesetzliche Erbfolge zur Anwendung. Sind mehrere Testamente vorhanden, so kommt in erster Linie das zuletzt verfasste zur Anwendung; ältere Testamente werden ergänzend angewendet, wenn nicht ein jüngeres die älteren ausser Kraft setzt. Es liegt deshalb im Interesse der Klarheit und Rechtssicherheit, wenn der Testator am Anfang jedes Testamentes alle früheren aufhebt und allenfalls weiterhin gewollte Begünstigungen erneut festschreibt.

Warten auf den Erbfall

Der Schritt zum zweiten Testament fällt mit Gewissheit leichter als derjenige zum ersten. Schon verschiedentlich wurde beobachtet – so etwa bei Gotthelfs «Hansjoggeli der Erbvetter» – wie genüsslich es offenbar ist, ein einmal errichtetes Testament durch ein neues zu ersetzen, erneut Wohltäter zu sein und die erpichten Erben zittern zu lassen.

Die begünstigte Institution wird deshalb gut daran tun, die Testatoren, welche sie begünstigt haben, bis zum Lebensende weiter zu betreuen. Zur Betreuung gehört nebst dem Dank für die Begünstigung

- der persönliche Kontakt, welchen ein «Familienmitglied» erwartet;
- die Information über den fortdauernden, allenfalls neuen Handlungsbedarf im Tätigkeitsbereich der Institution;
- ein Leistungsausweis, das heisst eine Berichterstattung über die entfaltete Tätigkeit, sowie die Erfolgsmeldungen;
- der Nachweis sauberer Geschäftsführung und funktionierender Kontrollmechanismen sowie allenfalls
- die gelegentliche Einräumung von Zusatznutzen.

Der Willensvollstrecker
Von besonderer Bedeutung ist die Bezeichnung eines Willensvollstreckers. Immer dann, wenn Streit unter den Erben nicht ausgeschlossen werden kann, oder wenn eine kompliziertere Erbschaft zu liquidieren und an mehrere Erben und Vermächtnisnehmer zu verteilen ist, dürfte der Aufwand für einen aussenstehenden bzw. neutralen Willensvollstrecker die dafür aufgewendeten Honorare wert sein. Dabei ist darauf zu achten, dass die als Willensvollstrecker bezeichnete Person oder Institution über das erforderliche Fachwissen verfügt. Dessen Vorhandensein darf bei einem diplomierten Treuhänder, spezialisierten Juristen, Notar oder Anwalt und bei den Erbschaftsabteilungen von Banken als vorhanden vorausgesetzt werden.

Auswahl

Der Willensvollstrecker wird im Normalfall vor allem für alle Erben und Vermächtnisnehmer beratend, zügig liquidierend und schlichtend wirken. Seine Aufgaben, Kompetenzen und seine Haftung sind Gegenstand diverser Publikationen, und diese hier näher zu umschreiben würde den vorliegenden Rahmen sprengen. Es kann angezeigt erscheinen, dem Willensvollstrecker für alle Fälle auch einen Stellvertreter zu ernennen, denn das Mandat kann von ihm abgelehnt werden.

Aufgaben

Auch gesamtschweizerisch aktive und grössere Spendenorganisationen verfügen in aller Regel nicht über das eigene fachkundige Personal, um auch kompliziertere Nachlässe selber abwickeln zu können. Sie nehmen für konkrete Fälle oft ihren juristischen Berater in Anspruch, welcher den Fall bis zum Abschluss im Auftrag und auf Kosten der Institution bearbeitet. Sind ausschliesslich mehrere Institutionen erbberechtigt, so übernehmen in der Regel die Vertreter einer oder zweier Institutionen die Federführung (meist ohne schriftliche Vollmacht). Dabei ist es Brauch, den anderen Organisationen keine Kosten zu verrechnen, solange die Federführung durch angestellte Mitarbeiter sichergestellt bzw. im Rahmen der fixen Kosten abgewickelt werden kann.

Sammelwerke als Willensvollstrecker

Rechtliche Empfehlungen zur Testamentsberatung

Die Promotion von Legaten zugunsten gemeinnütziger Organisationen als primäre Motivation rückt andere Instrumente des Erbrechtes in den Vordergrund als etwa die an der Verurkundung orientierte Beratungstätigkeit des Notars oder Zielsetzungen wie eine reibungslose Übergabe eines Familienbetriebes an die Nachfolgegeneration, Steuerersparnis usw.

Das Ziel des Fundraisers ist die Begünstigung seiner Organisation mit einem möglichst namhaften Vermächtnis oder die Einsetzung als Erbe, wenn möglich als Universalerbe. Wenn er dieses Ziel erreicht, kann sich das ganze Testament auf einen einzigen Satz beschränken.

Wenn der Fundraiser im persönlichen Gespräch mit dem Testator aber spürt, dass die Fortführung des bisherigen Lebensstandards des überlebenden Ehegatten oder Partners zu den obersten Zielsetzungen des Testamentsverfassers gehört, kann er bzw. der Fachberater die Einsetzung der Institution als Ersatzerbe (anstelle des erstverstorbenen Partners) oder als Nacherbe (nach dem Ableben des zweitversterbenden Gatten) als bisher wenig beachtete Alternativen mit erheblichem Potenzial ins Gespräch bringen. Eine besondere Beachtung wird er auch einer Ersatz- oder Nachbegünstigung aus Lebensversicherungspolicen zuwenden. Als Antwort auf die Wünsche des Testators dürfte sich auch die lebzeitige oder testamentarische Einräumung von Eigentum, belastet mit einer Nutzniessung oder einem lebenslänglichen Wohnrecht zugunsten von Angehörigen des Erblassers, eines bisher unausgeschöpften Potenzials erfreuen. Ein Erbauskauf, bei dem die Institution einem Angehörigen als Gegenleistung für die Einräumung von Eigentum eine Rente ausrichtet, kann zu einem vergleichbaren Ergebnis führen. Wo der Fundraiser eine besonders starke Beziehung des Erblassers zu einer nahestehende Person herausspürt, wird er diese nicht als Erben auszustechen oder zu konkurrenzieren versuchen, sondern ein namhaftes Vermächtnis als Alternative zum Erbteil oder eine Nach- oder Ersatzerbenansetzung vorschlagen.

Generell hat das Vermächtnis gegenüber einem Erbteil den Vorteil, dass es einerseits weitgehend unabhängig von den Schulden des Erblassers und andererseits diskreter (man denke an persönliche Spannungen zwischen Angehörigen) ist, weniger administrativer Aufwand mit sich bringt und in der Regel schneller angetreten werden kann. Erbteile und insbesondere die Einsetzung als Allein- oder Universalerbe ergeben indes in der Regel höhere Nettobeträge.

Erkennt der Fundraiser, dass der Testator sich nicht zuletzt ein ehrendes Andenken, allenfalls eine Art Denkmal, sichern will, wird er gleichzeitig mit der Begünstigung seiner Institution flankierende Massnahmen, wie die Errichtung eines mit dem Namen des Gönners verbundenen Fonds oder einer Stiftung oder Formen des Dankens in der Öffentlichkeit, offerieren.

Erbgang und Erbteilung

Die Entgegennahme, Betreuung und allenfalls Liquidation sowie Verdankung von Legaten ist zwar nicht der eigentliche Gegenstand dieses Buches. Weil sie aber ihrerseits bereits wieder eine Phase des Fundraisings im Hinblick auf weitere Legate sein kann, wird sie im folgenden trotzdem gestreift. Bei vielen Institutionen des öffentlichen Wohls wird der Fundraiser auch die Funktion desjenigen innehaben, welcher nicht nur Legate akquiriert, sondern sie – wenn sie einmal eingetroffen sind – auch betreut. Dafür spricht seine Vertrautheit im Umgang mit Menschen, seine intensiven bestehenden Kontakte zu Gönnerkreisen und seine vertiefte Kenntnis der Regelungen und Mechanismen im Bereich der Legate.

Die Angehörigen eines Erblassers, welcher die Institution mit einem Legat begünstigt hat, kommen unweigerlich mit der Organisation in Kontakt. Es ist wahrscheinlich, dass sie sich dafür interessieren, zu wessen Gunsten ihr Erbteil geschmälert wurde. Weiter dürften in der Partnerschaft oder Familie des Erblassers vergleichbare Werthaltungen und Zielsetzungen gehäuft vorkommen.

Erben ist Legatspromotion

Schliesslich wird auch die Art des Dankens – eine kreative Herausforderung an den Fundraiser! – der begünstigten Organisation eine zentrale Rolle für weitere Legate spielen: Kommt sie nicht an, wird auch ein der Zielsetzung der Institution ursprünglich geneigter Hinterbliebener die gleiche Organisation sicher nicht seinerseits nochmals begünstigen. Tatsächlich zeigt die Erfahrung, dass ein korrekter, sehr freundlicher und grosszügiger Umgang mit den Angehörigen eines Erblassers nicht selten weitere Legate nach sich zieht. Umgekehrt wird eine Institution, welche sich als kleinlich, unsensibel, aufs Geld versessen oder gar als Gegenpartei in Prozessen profiliert, sich nicht diejenige Art Freunde schaffen, welche ihr Legate ausrichten. Auch die Art, wie eine Institution mit den Hinterbliebenen umgeht, ein Legat einstreicht und verdankt, ist also Fundraising.

Erbengemeinschaft

Das Erbe kann nicht sofort nach dem Todesfall des Erblassers angetreten werden. Bis es so weit ist, ist eine ganze Reihe von Etappen zu durchlaufen, welche bei sehr komplizierten Fällen und insbesondere wenn es zu Prozessen kommt, über Jahre dauern kann. Über den Erbgang und die Erbteilung sowie über die Aufgabe und Verantwortlichkeit des Willensvollstreckers besteht eine umfangreiche Literatur. Diese soll hier nicht aufgenommen, sondern nur der Mechanismus der Erbteilung kurz dargestellt werden. Insbesondere auf die Details der einzelnen Schritte, namentlich etwa auf einen allenfalls öffentlichen Erbenruf, auf die vorgängige güterrechtliche Auseinandersetzung, auf die Bewertungen im Erbschafts- und Steuerinventar, auf die Anfechtung eines Testamentes, auf die Herabsetzung von Vermächtnissen zur Wiederherstellung von Pflichtteilen, auf die Einweisung der Vermächtnisnehmer und Erben in die Erbschaftsgüter, auf die Erbschaftssteuerabrechnung mit den Behörden, auf den Abschluss des Verfahrens und die Honorierung des Willensvollstreckers sowie auf alles weitere, was im konkreten Einzelfall je Prozessstoff werden könnte, kann hier nicht detaillierter eingegangen werden.

Die Erben erwerben im Todeszeitpunkt den Nachlass, die sogenannte Erbmasse, vorerst «zu gesamter Hand», das heisst gemeinsam als Erbengemeinschaft. Sie treffen – wenn nicht im Testament ein Willensvollstrecker oder von allen Erben gemeinsam ein Vertreter bezeichnet wurde – unter dem Vorbehalt der Bereinigung ihres Kreises, alle unaufschiebbaren Verwaltungshandlungen gemeinsam.

Die Erbengemeinschaft kann für Teile oder die ganze Erbmasse auf im Prinzip unbeschränkte Dauer fortgesetzt werden, oft etwa um eine Familienunternehmung oder eine Liegenschaft weiterhin gemeinsam zu betreiben und zu nutzen. Der Erblasser kann in seinem Testament auch eine solche fortgesetzte Erbengemeinschaft zur Bedingung oder Auflage machen für eine höhere Begünstigung als jene auf den Pflichtteil. Mit der fortgesetzten Erbengemeinschaft wird die Zuweisung an einen oder an einen Teil der Erben und die Auszahlung an die übrigen Erben vermieden. Jedes Mitglied der fortgesetzten Erbengemeinschaft partizipiert weiterhin wertmässig im Umfang seiner Wertquote. Wenn nichts anderes vereinbart wird, herrscht jedoch für die Willensbildung das Einstimmigkeitsprinzip. Jedes Mitglied der fortgesetzten Erbengemeinschaft kann jederzeit deren Auflösung verlangen oder sich von den andern Mitgliedern auszahlen lassen.

Die fortgesetzte Erbengemeinschaft

Damit keine Gegenstände unrechtmässig beiseite geschafft werden, wird vom Staat die Erbschaft sofort nach dem Todesfall gesiegelt, das heisst die massgeblichen Werte bzw. deren Behälter mit einem Siegel versehen, welches einen besonderen strafrechtlichen Schutz geniesst. Erst später wird das Siegel aufgebrochen und ein Erbschaftsinventar aufgenommen. Ein solches Inventar verlangt der Gesetzgeber von allen mehr als geringfügigen Erbschaften, wiederum zum Schutz der Erben, aber auch zur Sicherung seines eigenen Erbschaftssteueranspruches. Ob ein Gegenstand tatsächlich in die Erbmasse oder vorweg dem überlebenden Ehegatten oder Dritten zusteht, ist gelegentlich umstritten.

Siegelung und Inventar

Testamentseröffnung   Vorweg müssen die Testamente gefunden und eröffnet sowie die gesetzlichen und die eingesetzten Begünstigten festgestellt werden. Das kann besonders bei Verwandten, welche in Länder mit anders organisierten oder gar keinen Zivilstandsregistern ausgewandert sind, bereits ausserordentlich schwierig und zeitraubend sein. Sodann sind die folgenden Fragen zu klären:
- Welches Testament ist wie weit gehend gültig?
- Wer ist Erbe und zu welchem Bruchteil?
- Wer ist «nur» Vermächtnisnehmer?

(Auch hier liegt nicht selten Prozessstoff vor.)

Ausschlagung   Wenn unterdessen das Erbschaftsinventar fertiggestellt ist, haben in der nächsten Phase die Erben (und die Vermächtnisnehmer) die Möglichkeit zur Ausschlagung ihres Erbteils. Sie werden das vorwiegend dann tun, wenn die Erbschaft überschuldet ist.

Erbteilung   Dann sind die Vermächtnisse auszuscheiden und in der Höhe der einzelnen Berechtigungen die den Erben zustehenden Portionen (Lose) zu errechnen. Erst in dieser Phase wird definitiv sichtbar, wie gross die verfügbare Quote effektiv ist und ob die Vermächtnisse Pflichtteile verletzen. Den pflichtteilsgeschützten Erben steht sodann das Recht zu, die Herabsetzung der Vermächtnisse zu verlangen sowie Vorbezüge und weitere Begünstigungen, welche ihre Rechte schmälern, anzufechten.

Erst danach kommt es zur Erbteilung, das heisst zur definitiven Zuweisung der einzelnen Gegenstände und des Geldes im Nachlass und somit zur Verfügungsfreiheit der Erben und Vermächtnisnehmer über die ihnen zufallenden Erbstücke.

Hinterher steht es den Erben und Vermächtnisnehmern selbstverständlich frei, im gegenseitigen Einvernehmen Gegenstände auszutauschen.

Schlusswort

Es spricht alles dafür, dass der Markt, das heisst das Volumen der jährlichen Spenden durch Legate, weiter wachsen wird. Die Gründe für dieses Wachstum liegen zum Teil darin, dass das geerbte Geld von den Empfängern gar nicht mehr gebraucht wird. Zum anderen ist sicher eine wachsende Erkenntnis da, dass Institutionen des öffentlichen Wohls wichtige Funktionen erfüllen, die der Staat nicht oder nicht mehr auf sich nehmen kann. Und sicher darf nicht vergessen werden, dass die wachsende professionelle Aktivität der Sammelwerke Erfolge zeitigen wird. Ausserdem werden mehr Institutionen der Legatsuche einen ganz bestimmten Platz in ihrer Fundraising-Politik einräumen.

Anhang I

Beispiele von Testamenten

Beispiel 1

*Ich, Alphonsine Boesch, geb. 18. Juli 1882, von Lichtensteig SG,¹ verfüge über mein Hab und Gut wie folgt:
Meinem Patenkind Felicie vermache ich die Goldmünzen im Banksafe sowie meinen alten Chevrolet, an dem sie so Freude hat.²
Dem Schweizer Tierschutz STS in Basel vermache ich Fr. 15'000.– für die armen Wildtiere in den Käfigen der zoologischen Gärten.³
Mein lieber Mann, der mit mir sein Leben geteilt hat, soll alles Andere erhalten;⁴ unsere gemeinsamen Kinder bitte ich, sich mit ihrem Erbantritt bis zu seinem Ableben zu gedulden.⁵*

Laufenburg, 26. Christmonat 1959   Boesch

Text

1 Die Personalien müssen so genau festgehalten sein, dass die Verfasserin des Testamentes daraus, aus der Unterschrift und den gesamten Umständen (Hinterlegung etc.) zweifelsfrei identifiziert werden kann.
2 Felicie erhält zwei Vermächtnisse. Ihre Freude am Chevrolet indes ist für die Verteilung der Erbschaft ohne direkte Bedeutung.
3 Hingegen ist die Zweckbestimmung «für die Wildtiere in Zoos» für den STS eine verbindliche Auflage.
4 Die Erblasserin ist sich offenbar dessen bewusst, dass sie mit der Begünstigung des Ehemannes die Pflichtteile ihrer Kinder verletzt. Sie hat die Begünstigung trotzdem

Kommentar

ausgesprochen, weil sie ja nicht weiss, ob sie vom Ehegatten überlebt wird. Sie bittet (verpflichten kann sie nicht) die pflichtteilsgeschützten Erben, das Testament, welches sie erfolgreich anfechten könnten, zu akzeptieren. Wenn die Kinder sich daran halten, wird der Witwer für alles ausser die Legate Erbe.

5 Sollte der Ehemann vor der Erblasserin verstorben sein, wird die Begünstigung des Ehemannes hinfällig, und die Kinder oder deren Nachkommen erben sogleich alles ausser die Vermächtnisse.

Beispiel 2

Letzter Wille
Alle meine früheren Testamente hebe ich auf.
Meine beiden Kinder setze ich auf den Pflichtteil.
Meine Tochter Valerie bekommt jedoch zusätzlich zu ihrem Erbteil den ganzen Familienschmuck.[1]
Mein Sohn Benedikt soll das Haus, in dem er mit seiner Familie wohnt, erhalten, unter Anrechnung des Wertes der amtlichen Schatzung.[2]
Mein $-Konto bei der Zürcher Kantonalbank vermache ich den Freunden der SOS Kinderdörfer, Verein mit Sitz in Wabern bei Bern.[3]
Meine Lebensgefährtin, Regula de Beauharnais geb. Keusch, soll als erste unter meinen Möbeln diejenigen auswählen können, welche sie behalten will; die übrigen sollen verkauft werden. Im übrigen vermache ich ihr die ganze restliche verfügbare Quote. Sollte sie vor mir versterben, treten an ihre Stelle die bereits erwähnten Freunde der SOS Kinderdörfer.
Wer eine Anordnung dieses meines Letzten Willens anficht, eine Pflichtteilsschutzklage erhebt oder sich den Durchführungsanordnungen des Willensvollstreckers widersetzt, wird entgegen meinen obigen Anordnungen auf das Minimum gesetzt.

Als Willensvollstrecker bezeichne ich Notar Salomon Rathgeb in Bern, bei dessen Verhinderung Fürsprech Herkules Streit, Basel.[4]

Bern, 29. Februar 1977 *Jean J. Rousseau*
Gartenstrasse 112
3016 Bern

1 Würde Valerie der Familienschmuck nicht «zusätzlich zu ihrem Erbteil» zugewendet, müsste sie ihn sich an ihren Pflichtteil anrechnen lassen.

2 Bei dieser konkreten Bezeichnung eines Vermögensgegenstandes handelt es sich grundsätzlich um eine Teilungsvorschrift, nicht um ein zusätzliches Vermächtnis, denn der Begünstigte ist zugleich gesetzlicher Erbe. Der Erblasser weiss und will offenbar, dass diese Begünstigung den Pflichtteil Benedikts übersteigt. Die Bestimmung des Anrechnungswertes hat vorliegend nur dann einen Sinne, wenn der Verkehrswert des Hauses den Pflichtteil von Valerie verletzt. In dem Fall steht Valerie eine Pflichtteilsschutzklage offen. Die eingesetzte Erbin Regula und der Ersatzerbe (Verein) dagegen haben – weil keinen Pflichtteil – kein Anfechtungsrecht.

3 Vermächtnis

4 Sobald die Verhältnisse etwas komplizierter werden, ist die Einsetzung eines hinreichend fachkundigen Willensvollstreckers angezeigt.

Kommentar

Anhang II

Auszug aus dem schweizerischen Zivilgesetzbuch

Art. 457   *I. Nachkommen*
1. Die nächsten Erben eines Erblassers sind seine Nachkommen.
2. Die Kinder erben zu gleichen Teilen.
3. An die Stelle vorverstorbener Kinder treten ihre Nachkommen, und zwar in allen Graden nach Stämmen.

Art. 458   *II. Elterlicher Stamm*
1. Hinterlässt der Erblasser keine Nachkommen, so gelangt die Erbschaft an den Stamm der Eltern.
2. Vater und Mutter erben nach Hälften.
3. An die Stelle von Vater oder Mutter, die vorverstorben sind, treten ihre Nachkommen, und zwar in allen Graden nach Stämmen.
4. Fehlt es an Nachkommen auf einer Seite, so fällt die ganze Erbschaft an die Erben der andern Seite.

Art. 459   *III. Grosselterlicher Stamm*
1. Hinterlässt der Erblasser weder Nachkommen noch Erben des elterlichen Stammes, so gelangt die Erbschaft an den Stamm der Grosseltern.
2. Überleben die Grosseltern der väterlichen und die der mütterlichen Seite den Erblasser, so erben sie auf jeder Seite zu gleichen Teilen.
3. An die Stelle eines vorverstorbenen Grossvaters oder einer vorverstorbenen Grossmutter treten ihre Nachkommen, und zwar in allen Graden nach Stämmen.

4 Ist der Grossvater oder die Grossmutter auf der väterlichen oder der mütterlichen Seite vorverstorben, und fehlt es auch an Nachkommen des Vorverstorbenen, so fällt die ganze Hälfte an die vorhandenen Erben der gleichen Seite.

5 Fehlt es an Erben der väterlichen oder der mütterlichen Seite, so fällt die ganze Erbschaft an die Erben der andern Seite.

Art. 460 IV. *Umfang der Erbberechtigung*
Mit dem Stamm der Grosseltern hört die Erbberechtigung der Verwandten auf.

Art. 461 (Aufgehoben)

Art. 462 B. *Überlebender Ehegatte*
Der überlebende Ehegatte erhält:
1. wenn er mit Nachkommen zu teilen hat, die Hälfte der Erbschaft;
2. wenn er mit Erben des elterlichen Stammes zu teilen hat, drei Viertel der Erbschaft;
3. wenn auch keine Erben des elterlichen Stammes vorhanden sind, die ganze Erbschaft.

Art. 463–465 (Aufgehoben)

Art. 466 D. *Gemeinwesen*
Hinterlässt der Erblasser keine Erben, so fällt die Erbschaft an den Kanton, in dem der Erblasser den letzten Wohnsitz gehabt hat, oder an die Gemeinde, die von der Gesetzgebung dieses Kantons als berechtigt bezeichnet wird.

Vierzehnter Titel: Die Verfügungen von Todes wegen
Erster Abschnitt: Die Verfügungsfähigkeit

Art. 467 A. *Letztwillige Verfügung*
Wer urteilsfähig ist und das 18. Altersjahr zurückgelegt hat, ist befugt, unter Beobachtung der gesetzlichen Schranken und Formen über sein Vermögen letztwillig zu verfügen.

Art. 468 B. *Erbvertrag*
Zur Abschliessung eines Erbvertrages bedarf der Erblasser der Mündigkeit.

Art. 469 C. *Mangelhafter Wille*
1 Verfügungen, die der Erblasser unter dem Einfluss von Irrtum, arglistiger Täuschung, Drohung oder Zwang errichtet hat, sind ungültig.
2 Sie erlangen jedoch Gültigkeit, wenn sie der Erblasser nicht binnen Jahresfrist aufhebt, nachdem er von dem Irrtum oder von der Täuschung Kenntnis erhalten hat oder der Einfluss von Zwang oder Drohung weggefallen ist.
3 Enthält eine Verfügung einen offenbaren Irrtum in bezug auf Personen oder Sachen, und lässt sich der wirkliche Wille des Erblassers mit Bestimmtheit feststellen, so ist die Verfügung in diesem Sinne richtig zu stellen.

Zweiter Abschnitt: Die Verfügungsfreiheit
A. *Verfügbarer Teil*

Art. 470 I. *Umfang der Verfügungsbefugnis*
1 Wer Nachkommen, Eltern oder den Ehegatten als seine nächsten Erben hinterlässt, kann bis zu deren Pflichtteil über sein Vermögen von Todes wegen verfügen.[1]
2 Wer keine der genannten Erben hinterlässt, kann über sein ganzes Vermögen von Todes wegen verfügen.

Art. 471 **II. Pflichtteil**
Der Pflichtteil beträgt:
1. für einen Nachkommen drei Viertel des gesetzlichen Erbanspruches;
2. für jedes der Eltern die Hälfte;
3. für den überlebenden Ehegatten die Hälfte.

Art. 472 (Aufgehoben)

Art. 473 *IV. Begünstigung des Ehegatten*
1 Der Erblasser kann dem überlebenden Ehegatten durch Verfügung von Todes wegen gegenüber den gemeinsamen und den während der Ehe gezeugten nichtgemeinsamen Kindern und deren Nachkommen die Nutzniessung an dem ganzen ihnen zufallenden Teil der Erbschaft zuwenden.[2)]
2 Diese Nutzniessung tritt an die Stelle des dem Ehegatten neben diesen Nachkommen zustehenden gesetzlichen Erbrechts.[2)]
3 Im Falle der Wiederverheiratung entfällt die Nutzniessung auf jenem Teil der Erbschaft, der im Zeitpunkt des Erbganges nach den ordentlichen Bestimmungen über den Pflichtteil der Nachkommen nicht hätte mit der Nutzniessung belastet werden können.[3)]

V. Berechnung des verfügbaren Teils

Art. 474 *1. Schuldenabzug*
1 Der verfügbare Teil berechnet sich nach dem Stande des Vermögens zur Zeit des Todes des Erblassers.
2 Bei der Berechnung sind die Schulden des Erblassers, die Auslagen für das Begräbnis, für die Siegelung und Inventaraufnahme sowie die Ansprüche der Hausgenossen auf Unterhalt während eines Monats von der Erbschaft abzuziehen.

Art. 475   2. *Zuwendungen unter Lebenden*
Die Zuwendungen unter Lebenden werden insoweit zum Vermögen hinzugerechnet, als sie der Herabsetzungsklage unterstellt sind.

Art. 476   3. *Versicherungsansprüche*
Ist ein auf den Tod des Erblassers gestellter Versicherungsanspruch mit Verfügung unter Lebenden oder von Todes wegen zugunsten eines Dritten begründet oder bei Lebzeiten des Erblassers unentgeltlich auf einen Dritten übertragen worden, so wird der Rückkaufswert des Versicherungsanspruches im Zeitpunkt des Todes des Erblassers zu dessen Vermögen gerechnet.

B. *Enterbung*

Art. 477   *I. Gründe*
Der Erblasser ist befugt, durch Verfügung von Todes wegen einem Erben den Pflichtteil zu entziehen:
1. wenn der Erbe gegen den Erblasser oder gegen eine diesem nahe verbundene Person ein schweres Verbrechen begangen hat;
2. wenn er gegenüber dem Erblasser oder einem von dessen Angehörigen die ihm obliegenden familienrechtlichen Pflichten schwer verletzt hat.

Art. 478   *II. Wirkung*
1 Der Enterbte kann weder an der Erbschaft teilnehmen noch die Herabsetzungsklage geltend machen.
2 Der Anteil des Enterbten fällt, sofern der Erblasser nicht anders verfügt hat, an die gesetzlichen Erben des Erblassers, wie wenn der Enterbte den Erbfall nicht erlebt hätte.
3 Die Nachkommen des Enterbten behalten ihr Pflichtteilsrecht, wie wenn der Enterbte den Erbfall nicht erlebt hätte.

Art. 479   *III. Beweislast*
1 Eine Enterbung ist nur dann gültig, wenn der Erblasser den Enterbungsgrund in seiner Verfügung angegeben hat.
2 Ficht der Enterbte die Enterbung wegen Unrichtigkeit dieser Angabe an, so hat der Erbe oder Bedachte, der aus der Enterbung Vorteil zieht, deren Richtigkeit zu beweisen.
3 Kann dieser Nachweis nicht erbracht werden oder ist ein Enterbungsgrund nicht angegeben, so wird die Verfügung insoweit aufrecht erhalten, als sich dies mit dem Pflichtteil des Enterbten verträgt, es sei denn, dass der Erblasser die Verfügung in einem offenbaren Irrtum über den Enterbungsgrund getroffen hat.

Art. 480   *IV. Enterbung eines Zahlungsunfähigen*
1 Bestehen gegen einen Nachkommen des Erblassers Verlustscheine, so kann ihm der Erblasser die Hälfte seines Pflichtteils entziehen, wenn er diese den vorhandenen und später geborenen Kindern desselben zuwendet.
2 Diese Enterbung fällt jedoch auf Begehren des Enterbten dahin, wenn bei der Eröffnung des Erbganges Verlustscheine nicht mehr bestehen, oder wenn deren Gesamtbetrag einen Vierteil des Erbteils nicht übersteigt.

Dritter Abschnitt: Die Verfügungsarten

Art. 481   A. *Im allgemeinen*
1 Der Erblasser kann in den Schranken der Verfügungsfreiheit über sein Vermögen mit letztwilliger Verfügung oder mit Erbvertrag ganz oder teilweise verfügen.
2 Der Teil, über den er nicht verfügt hat, fällt an die gesetzlichen Erben.

Art. 482   B. *Auflagen und Bedingungen*
1. Der Erblasser kann seinen Verfügungen Auflagen oder Bedingungen anfügen, deren Vollziehung, sobald die Verfügung zur Ausführung gelangt ist, jedermann verlangen darf, der an ihnen ein Interesse hat.
2. Unsittliche oder rechtswidrige Auflagen und Bedingungen machen die Verfügung ungültig.
3. Sind sie lediglich für andere Personen lästig oder sind sie unsinnig, so werden sie als nicht vorhanden betrachtet.

Art. 483   C. *Erbeinsetzung*
1. Der Erblasser kann für die ganze Erbschaft oder für einen Bruchteil einen oder mehrere Erben einsetzen.
2. Als Erbeinsetzung ist jede Verfügung zu betrachten, nach der ein Bedachter die Erbschaft insgesamt oder zu einem Bruchteil erhalten soll.

D. *Vermächtnis*

Art. 484   I. *Inhalt*
1. Der Erblasser kann einem Bedachten, ohne ihn als Erben einzusetzen, einen Vermögensvorteil als Vermächtnis zuwenden.
2. Er kann ihm eine einzelne Erbschaftssache oder die Nutzniessung an der Erbschaft im ganzen oder zu einem Teil vermachen oder die Erben oder Vermächtnisnehmer beauftragen, ihm Leistungen aus dem Werte der Erbschaft zu machen oder ihn von Verbindlichkeiten zu befreien.
3. Vermacht der Erblasser eine bestimmte Sache, so wird der Beschwerte, wenn sich diese in der Erbschaft nicht vorfindet und kein anderer Wille des Erblassers aus der Verfügung ersichtlich ist, nicht verpflichtet.

Art. 485　*II. Verpflichtung des Beschwerten*
1 Die Sache ist dem Bedachten in dem Zustande und in der Beschaffenheit, mit Schaden und mit Zuwachs, frei oder belastet auszuliefern, wie sie sich zur Zeit der Eröffnung des Erbganges vorfindet.
2 Für Aufwendungen, die der Beschwerte seit der Eröffnung des Erbganges auf die Sache gemacht hat, sowie für Verschlechterungen, die seither eingetreten sind, steht er in den Rechten und Pflichten eines Geschäftsführers ohne Auftrag.

Art. 486　*III. Verhältnis zur Erbschaft*
1 Übersteigen die Vermächtnisse den Betrag der Erbschaft oder der Zuwendung an den Beschwerten oder den verfügbaren Teil, so kann ihre verhältnismässige Herabsetzung verlangt werden.
2 Erleben die Beschwerten den Tod des Erblassers nicht, oder sind sie erbunwürdig, oder erklären sie die Ausschlagung, so bleiben die Vermächtnisse gleichwohl in Kraft.
3 Hat der Erblasser ein Vermächtnis zugunsten eines der gesetzlichen oder eingesetzten Erben aufgestellt, so kann dieser es auch dann beanspruchen, wenn er die Erbschaft ausschlägt.

Art. 487　*E. Ersatzverfügung*
Der Erblasser kann in seiner Verfügung eine oder mehrere Personen bezeichnen, denen die Erbschaft oder das Vermächtnis für den Fall des Vorabsterbens oder der Ausschlagung des Erben oder Vermächtnisnehmers zufallen soll.

Nacherbeneinsetzung

Art. 488 1. *Bezeichnung des Nacherben*
1   Der Erblasser ist befugt, in seiner Verfügung den eingesetzten Erben als Vorerben zu verpflichten, die Erbschaft einem andern als Nacherben auszuliefern.
2   Dem Nacherben kann eine solche Pflicht nicht auferlegt werden.
3   Die gleichen Bestimmungen gelten für das Vermächtnis.

Art. 489 II. *Zeitpunkt der Auslieferung*
1   Als Zeitpunkt der Auslieferung ist, wenn die Verfügung es nicht anders bestimmt, der Tod des Vorerben zu betrachten.
2   Wird ein anderer Zeitpunkt genannt, und ist dieser zur Zeit des Todes des Vorerben noch nicht eingetreten, so geht die Erbschaft gegen Sicherstellung auf die Erben des Vorerben über.
3   Kann der Zeitpunkt aus irgend einem Grunde nicht mehr eintreten, so fällt die Erbschaft vorbehaltlos an die Erben des Vorerben.

Art. 490 III. *Sicherungsmittel*
1   In allen Fällen der Nacherbeneinsetzung hat die zuständige Behörde die Aufnahme eines Inventars anzuordnen.
2   Die Auslieferung der Erbschaft an den Vorerben erfolgt, sofern ihn der Erblasser nicht ausdrücklich von dieser Pflicht befreit hat, nur gegen Sicherstellung, die bei Grundstücken durch Vormerkung der Auslieferungspflicht im Grundbuch geleistet werden kann.
3   Vermag der Vorerbe diese Sicherstellung nicht zu leisten, oder gefährdet er die Anwartschaft des Nacherben, so ist die Erbschaftsverwaltung anzuordnen.

IV. *Rechtsstellung*

Art. 491   1. *Des Vorerben*
1 Der Vorerbe erwirbt die Erbschaft wie ein anderer eingesetzter Erbe.
2 Er wird Eigentümer der Erbschaft unter der Pflicht zur Auslieferung.

Art. 492   2. *Des Nacherben*
1 Der Nacherbe erwirbt die Erbschaft des Erblassers, wenn er den für die Auslieferung bestimmten Zeitpunkt erlebt hat.
2 Erlebt er diesen Zeitpunkt nicht, so verbleibt die Erbschaft, wenn der Erblasser nicht anders verfügt hat, dem Vorerben.
3 Erlebt der Vorerbe den Tod des Erblassers nicht, oder ist er erbunwürdig, oder schlägt er die Erbschaft aus, so fällt sie an den Nacherben.

Art. 493   G. *Stiftungen*
1 Der Erblasser ist befugt, den verfügbaren Teil seines Vermögens ganz oder teilweise für irgend einen Zweck als Stiftung zu widmen.
2 Die Stiftung ist jedoch nur dann gültig, wenn sie den gesetzlichen Vorschriften entspricht.

H. *Erbverträge*

Art. 494   1. *Erbeinsetzungs und Vermächtnisvertrag*
1 Der Erblasser kann sich durch Erbvertrag einem andern gegenüber verpflichten, ihm oder einem Dritten seine Erbschaft oder ein Vermächtnis zu hinterlassen.
2 Er kann über sein Vermögen frei verfügen.
3 Verfügungen von Todes wegen oder Schenkungen, die mit seinen Verpflichtungen aus dem Erbvertrag nicht vereinbar sind, unterliegen jedoch der Anfechtung.

II. *Erbverzicht*

Art. 495 *1. Bedeutung*
1 Der Erblasser kann mit einem Erben einen Erbverzichtvertrag oder Erbauskauf abschliessen.
2 Der Verzichtende fällt beim Erbgang als Erbe ausser Betracht.
3 Wo der Vertrag nicht etwas anderes anordnet, wirkt der Erbverzicht auch gegenüber den Nachkommen des Verzichtenden.

Art. 496 *2. Lediger Anfall*
1 Sind im Erbvertrag bestimmte Erben an Stelle des Verzichtenden eingesetzt, so fällt der Verzicht dahin, wenn diese die Erbschaft aus irgend einem Grunde nicht erwerben.
2 Ist der Verzicht zugunsten von Miterben erfolgt, so wird vermutet, dass er nur gegenüber den Erben des Stammes, der sich vom nächsten ihnen gemeinsamen Vorfahren ableitet, ausgesprochen sei und gegenüber entfernteren Erben nicht bestehe.

Art. 497 *3. Rechte der Erbschaftsgläubiger*
Ist der Erblasser zur Zeit der Eröffnung des Erbganges zahlungsunfähig, und werden seine Gläubiger von den Erben nicht befriedigt, so können der Verzichtende und seine Erben insoweit in Anspruch genommen werden, als sie für den Erbverzicht innerhalb der letzten fünf Jahre vor dem Tode des Erblassers aus dessen Vermögen eine Gegenleistung erhalten haben und hieraus zur Zeit des Erbganges noch bereichert sind.

Vierter Abschnitt: Die Verfügungsformen
A. Letztwillige Verfügungen
1. Errichtung

Art. 498   *1. Im allgemeinen*
Der Erblasser kann eine letztwillige Verfügung entweder mit öffentlicher Beurkundung oder eigenhändig oder durch mündliche Erklärung errichten.

2. Öffentliche Verfügung

Art. 499   *a. Errichtungsform*
Die öffentliche letztwillige Verfügung erfolgt unter Mitwirkung von zwei Zeugen vor dem Beamten, Notar oder einer anderen Urkundsperson, die nach kantonalem Recht mit diesen Geschäften betraut sind.

Art. 500   *b. Mitwirkung des Beamten*
1   Der Erblasser hat dem Beamten seinen Willen mitzuteilen, worauf dieser die Urkunde aufsetzt oder aufsetzen lässt und dem Erblasser zu lesen gibt.
2   Die Urkunde ist vom Erblasser zu unterschreiben.
3   Der Beamte hat die Urkunde zu datieren und ebenfalls zu unterschreiben.

Art. 501   *c. Mitwirkung der Zeugen*
1   Der Erblasser hat unmittelbar nach der Datierung und Unterzeichnung den zwei Zeugen in Gegenwart des Beamten zu erklären, dass er die Urkunde gelesen habe und dass sie seine letztwillige Verfügung enthalte.
2   Die Zeugen haben auf der Urkunde mit ihrer Unterschrift zu bestätigen, dass der Erblasser vor ihnen diese Erklärung abgegeben und dass er sich nach ihrer Wahrnehmung dabei im Zustande der Verfügungsfähigkeit befunden habe.

3 Es ist nicht erforderlich, dass die Zeugen vom Inhalt der Urkunde Kenntnis erhalten.

Art. 502   d. *Errichtung ohne Lesen und Unterschrift des Erblassers*

1 Wenn der Erblasser die Urkunde nicht selbst liest und unterschreibt, so hat sie ihm der Beamte in Gegenwart der beiden Zeugen vorzulesen, und der Erblasser hat daraufhin zu erklären, die Urkunde enthalte seine Verfügung.

2 Die Zeugen haben in diesem Falle nicht nur die Erklärung des Erblassers und ihre Wahrnehmung über seine Verfügungsfähigkeit zu bezeugen, sondern auch mit ihrer Unterschrift zu bestätigen, dass die Urkunde in ihrer Gegenwart dem Erblasser vom Beamten vorgelesen worden sei.

Art. 503   e. *Mitwirkende Personen*

1 Personen, die nicht handlungsfähig sind, die sich infolge eines strafgerichtlichen Urteils nicht im Besitz der bürgerlichen Ehren und Rechte befinden, oder die des Schreibens und Lesens unkundig sind, sowie die Verwandten in gerader Linie und Geschwister des Erblassers und deren Ehegatten und der Ehegatte des Erblassers selbst können bei der Errichtung der öffentlichen Verfügung weder als beurkundender Beamter noch als Zeugen mitwirken.

2 Der beurkundende Beamte und die Zeugen sowie die Verwandten in gerader Linie und die Geschwister oder Ehegatten dieser Personen dürfen in der Verfügung nicht bedacht werden.

Art. 504   f. *Aufbewahrung der Verfügung*

Die Kantone haben dafür zu sorgen, dass die mit der Beurkundung betrauten Beamten die Verfügungen im Original oder in einer Abschrift entweder selbst aufbewahren oder einer Amtsstelle zur Aufbewahrung übergeben.

Art. 505 **3. Eigenhändige Verfügung**
1 Die eigenhändige letztwillige Verfügung ist vom Erblasser von Anfang bis zu Ende mit Einschluss der Angabe von Ort, Jahr, Monat und Tag der Errichtung von Hand niederzuschreiben sowie mit seiner Unterschrift zu versehen.
2 Die Kantone haben dafür zu sorgen, dass solche Verfügungen offen oder verschlossen einer Amtsstelle zur Aufbewahrung übergeben werden können.

4. Mündliche Verfügung

Art. 506 *a. Verfügung*
1 Ist der Erblasser infolge ausserordentlicher Umstände, wie nahe Todesgefahr, Verkehrssperre, Epidemien oder Kriegsereignisse verhindert, sich einer der andern Errichtungsformen zu bedienen, so ist er befugt, eine mündliche letztwillige Verfügung zu errichten.
2 Zu diesem Zwecke hat er seinen letzten Willen vor zwei Zeugen zu erklären und sie zu beauftragen, seiner Verfügung die nötige Beurkundung zu verschaffen.
3 Für die Zeugen gelten die gleichen Ausschliessungsvorschriften wie bei der öffentlichen Verfügung.

Art. 507 *b. Beurkundung*
1 Die mündliche Verfügung ist sofort von einem der Zeugen unter Angabe von Ort, Jahr, Monat und Tag der Errichtung in Schrift zu verfassen, von beiden Zeugen zu unterschreiben und hierauf mit der Erklärung, dass der Erblasser ihnen im Zustande der Verfügungsfähigkeit unter den obwaltenden besonderen Umständen diesen seinen letzten Willen mitgeteilt habe, ohne Verzug bei einer Gerichtsbehörde niederzulegen.

2 Die beiden Zeugen können statt dessen die Verfügung mit der gleichen Erklärung bei einer Gerichtsbehörde zu Protokoll geben.
3 Errichtet der Erblasser die mündliche Verfügung im Militärdienst, so kann ein Offizier mit Hauptmanns- oder höherem Rang die Gerichtsbehörde ersetzen.

Art. 508 *c. Verlust der Gültigkeit*
Wird es dem Erblasser nachträglich möglich, sich einer der andern Verfügungsformen zu bedienen, so verliert nach 14 Tagen, von diesem Zeitpunkt an gerechnet, die mündliche Verfügung ihre Gültigkeit.

II. *Widerruf und Vernichtung*

Art. 509 *1. Widerruf*
1 Der Erblasser kann seine letztwillige Verfügung jederzeit in einer der Formen widerrufen, die für die Errichtung vorgeschrieben sind.
2 Der Widerruf kann die Verfügung ganz oder zum Teil beschlagen.

Art. 510 *2. Vernichtung*
1 Der Erblasser kann seine letztwillige Verfügung dadurch widerrufen, dass er die Urkunde vernichtet.
2 Wird die Urkunde durch Zufall oder aus Verschulden anderer vernichtet, so verliert die Verfügung unter Vorbehalt der Ansprüche auf Schadenersatz gleichfalls ihre Gültigkeit, insofern ihr Inhalt nicht genau und vollständig festgestellt werden kann.

Art. 511 *3. Spätere Verfügung*
1 Errichtet der Erblasser eine letztwillige Verfügung, ohne eine früher errichtete ausdrücklich aufzuheben, so tritt sie an die Stelle der früheren Verfügung, soweit sie sich nicht zweifellos als deren blosse Ergänzung darstellt.

2 Ebenso wird eine letztwillige Verfügung über eine bestimmte Sache dadurch aufgehoben, dass der Erblasser über die Sache nachher eine Verfügung trifft, die mit jener nicht vereinbar ist.

B. *Erbverträge*

Art. 512 I. *Errichtung*
1 Der Erbvertrag bedarf zu seiner Gültigkeit der Form der öffentlichen letztwilligen Verfügung.
2 Die Vertragschliessenden haben gleichzeitig dem Beamten ihren Willen zu erklären und die Urkunde vor ihm und den zwei Zeugen zu unterschreiben.

II. *Aufhebung*
1. Unter Lebenden

Art. 513 a. *Durch Vertrag und letztwillige Verfügung*
1 Der Erbvertrag kann von den Vertragschliessenden jederzeit durch schriftliche Übereinkunft aufgehoben werden.
2 Der Erblasser kann einseitig einen Erbeinsetzungs- oder Vermächtnisvertrag aufheben, wenn sich der Erbe oder Bedachte nach dem Abschluss des Vertrages dem Erblasser gegenüber eines Verhaltens schuldig macht, das einen Enterbungsgrund darstellt.
3 Die einseitige Aufhebung hat in einer der Formen zu erfolgen, die für die Errichtung der letztwilligen Verfügungen vorgeschrieben sind.

Art. 514 b. *Durch Rücktritt vom Vertrag*
Wer auf Grund eines Erbvertrages Leistungen unter Lebenden zu fordern hat, kann, wenn sie nicht vertragsgemäss erfüllt oder sichergestellt werden, nach den Bestimmungen des Obligationenrechtes den Rücktritt erklären.

Art. 515 2. *Vorabsterben des Erben*
 1 Erlebt der Erbe oder Vermächtnisnehmer den Tod des Erblassers nicht, so fällt der Vertrag dahin.
 2 Ist der Erblasser zur Zeit des Todes des Erben aus dem Vertrage bereichert, so können die Erben des Verstorbenen, wenn es nicht anders bestimmt ist, diese Bereicherung herausverlangen.

Art. 516 C. *Verfügungsbeschränkung*
 Tritt für den Erblasser nach Errichtung einer Verfügung von Todes wegen eine Beschränkung der Verfügungsfreiheit ein, so wird die Verfügung nicht aufgehoben, wohl aber der Herabsetzungsklage unterstellt.

Fünfter Abschnitt: Die Willensvollstrecker

Art. 517 A. *Erteilung des Auftrages*
 1 Der Erblasser kann in einer letztwilligen Verfügung eine oder mehrere handlungsfähige Personen mit der Vollstreckung seines Willens beauftragen.
 2 Dieser Auftrag ist ihnen von Amtes wegen mitzuteilen, und sie haben sich binnen 14 Tagen, von dieser Mitteilung an gerechnet, über die Annahme des Auftrages zu erklären, wobei ihr Stillschweigen als Annahme gilt.
 3 Sie haben Anspruch auf angemessene Vergütung für ihre Tätigkeit.

Art. 518 B. *Inhalt des Auftrages*
 1 Die Willensvollstrecker stehen, soweit der Erblasser nichts anderes verfügt, in den Rechten und Pflichten des amtlichen Erbschaftsverwalters.
 2 Sie haben den Willen des Erblassers zu vertreten und gelten insbesondere als beauftragt, die Erbschaft zu verwalten, die Schulden des Erblassers zu bezahlen, die Vermächtnisse auszurichten und die Teilung nach den vom Erblasser getroffenen

Anordnungen oder nach Vorschrift des Gesetzes auszuführen.

3 Sind mehrere Willensvollstrecker bestellt, so stehen ihnen diese Befugnisse unter Vorbehalt einer anderen Anordnung des Erblassers gemeinsam zu.

Sechster Abschnitt:
Die Ungültigkeit und Herabsetzung der Verfügungen
A. *Ungültigkeitsklage*

Art. 519   I. *Bei Verfügungsunfähigkeit, mangelhaftem Willen, Rechtswidrigkeit und Unsittlichkeit*

1 Eine Verfügung von Todes wegen wird auf erhobene Klage für ungültig erklärt:
1. wenn sie vom Erblasser zu einer Zeit errichtet worden ist, da er nicht verfügungsfähig war;
2. wenn sie aus mangelhaftem Willen hervorgegangen ist;
3. wenn ihr Inhalt oder eine ihr angefügte Bedingung unsittlich oder rechtswidrig ist.

2 Die Ungültigkeitsklage kann von jedermann erhoben werden, der als Erbe oder Bedachter ein Interesse daran hat, dass die Verfügung für ungültig erklärt werde.

II. *Bei Formmangel*

Art. 520   1. *Im allgemeinen*

1 Leidet die Verfügung an einem Formmangel, so wird sie auf erhobene Klage für ungültig erklärt.

2 Liegt die Formwidrigkeit in der Mitwirkung von Personen, die selber oder deren Angehörige in der Verfügung bedacht sind, so werden nur diese Zuwendungen für ungültig erklärt.

3 Für das Recht zur Klage gelten die gleichen Vorschriften wie im Falle der Verfügungsunfähigkeit.

Art. 520a 2. *Bei eigenhändiger letzwilliger Verfügung*
Liegt der Mangel einer eigenhändigen letzwilligen Verfügung darin, dass Jahr, Monat oder Tag nicht oder unrichtig angegeben sind, so kann sie nur dann für ungültig erklärt werden, wenn sich die erforderlichen zeitlichen Angaben nicht auf andere Weise feststellen lassen und das Datum für die Beurteilung der Verfügungsfähigkeit, der Reihenfolge mehrerer Verfügungen oder einer anderen, die Gültigkeit der Verfügung betreffenden Frage notwendig ist.

Art. 521 *III. Verjährung*
1 Die Ungültigkeitsklage verjährt mit Ablauf eines Jahres, von dem Zeitpunkt an gerechnet, da der Kläger von der Verfügung und dem Ungültigkeitsgrund Kenntnis erhalten hat, und in jedem Falle mit Ablauf von zehn Jahren, vom Tage der Eröffnung der Verfügung an gerechnet.
2 Gegenüber einem bösgläubigen Bedachten verjährt sie im Falle der Verfügungsunfähigkeit des Erblassers oder der Rechtswidrigkeit oder Unsittlichkeit unter allen Umständen erst mit dem Ablauf von 30 Jahren.
3 Einredeweise kann die Ungültigkeit einer Verfügung jederzeit geltend gemacht werden.

B. *Herabsetzungsklage*
I. Voraussetzungen

Art. 522 *1. Im allgemeinen*
1 Hat der Erblasser seine Verfügungsbefugnis überschritten, so können die Erben, die nicht dem Werte nach ihren Pflichtteil erhalten, die Herabsetzung der Verfügung auf das erlaubte Mass verlangen.
2 Enthält die Verfügung Bestimmungen über die Teile der gesetzlichen Erben, so sind sie, wenn kein anderer Wille des Erblassers aus der Verfü-

gung ersichtlich ist, als blosse Teilungsvorschriften aufzufassen.

Art. 523 2. *Begünstigung der Pflichtteilsberechtigten*
Enthält eine Verfügung von Todes wegen Zuwendungen an mehrere pflichtteilsberechtigte Erben im Sinne einer Begünstigung, so findet bei Überschreitung der Verfügungsbefugnis unter den Miterben eine Herabsetzung im Verhältnis der Beträge statt, die ihnen über ihren Pflichtteil hinaus zugewendet sind.

Art. 524 3. *Rechte der Gläubiger*
1 Die Konkursverwaltung eines Erben oder dessen Gläubiger, die zur Zeit des Erbganges Verlustscheine besitzen, können, wenn der Erblasser den verfügbaren Teil zum Nachteil des Erben überschritten hat und dieser auf ihre Aufforderung hin die Herabsetzungsklage nicht anhebt, innerhalb der dem Erben gegebenen Frist die Herabsetzung verlangen, soweit dies zu ihrer Deckung erforderlich ist.
2 Die gleiche Befugnis besteht auch gegenüber einer Enterbung, die der Enterbte nicht anficht.

II. *Wirkung*

Art. 525 1. *Herabsetzung im allgemeinen*
1 Die Herabsetzung erfolgt für alle eingesetzten Erben und Bedachten im gleichen Verhältnis, soweit nicht aus der Verfügung ein anderer Wille des Erblassers ersichtlich ist.
2 Wird die Zuwendung an einen Bedachten, der zugleich mit Vermächtnissen beschwert ist, herabgesetzt, so kann er unter dem gleichen Vorbehalt verlangen, dass auch diese Vermächtnisse verhältnismässig herabgesetzt werden.

Art. 526 2. *Vermächtnis einer einzelnen Sache*
Gelangt das Vermächtnis einer einzelnen Sache, die ohne Schädigung ihres Wertes nicht geteilt werden kann, zur Herabsetzung, so kann der Bedachte entweder gegen Vergütung des Mehrbetrages die Sache selbst oder anstatt der Sache den verfügbaren Betrag beanspruchen.

3. *Bei Verfügungen unter Lebenden*

Art. 527 a. *Fälle*
Der Herabsetzung unterliegen wie die Verfügungen von Todes wegen:
1. die Zuwendungen auf Anrechnung an den Erbteil, als Heiratsgut, Ausstattung oder Vermögensabtretung, wenn sie nicht der Ausgleichung unterworfen sind;
2. die Erbabfindungen und Auskaufsbeträge;
3. die Schenkungen, die der Erblasser frei widerrufen konnte, oder die er während der letzten fünf Jahre vor seinem Tode ausgerichtet hat, mit Ausnahme der üblichen Gelegenheitsgeschenke;
4. die Entäusserung von Vermögenswerten, die der Erblasser offenbar zum Zwecke der Umgehung der Verfügungsbeschränkung vorgenommen hat.

Art. 528 b. *Rückleistung*
1 Wer sich in gutem Glauben befindet, ist zu Rückleistungen nur insoweit verbunden, als er zur Zeit des Erbganges aus dem Rechtsgeschäfte mit dem Erblasser noch bereichert ist.
2 Muss sich der durch Erbvertrag Bedachte eine Herabsetzung gefallen lassen, so ist er befugt, von der dem Erblasser gemachten Gegenleistung einen entsprechenden Betrag zurückzufordern.

Art. 529   4. *Versicherungsansprüche*
Versicherungsansprüche auf den Tod des Erblassers, die durch Verfügung unter Lebenden oder von Todes wegen zugunsten eines Dritten begründet oder bei Lebzeiten des Erblassers unentgeltlich auf einen Dritten übertragen worden sind, unterliegen der Herabsetzung mit ihrem Rückkaufswert.

Art. 530   *5. Bei Nutzniessung und Renten*
Hat der Erblasser seine Erbschaft mit Nutzniessungsansprüchen und Renten derart beschwert, dass deren Kapitalwert nach der mutmasslichen Dauer der Leistungspflicht den verfügbaren Teil der Erbschaft übersteigt, so können die Erben entweder eine verhältnismässige Herabsetzung der Ansprüche oder, unter Überlassung des verfügbaren Teiles der Erbschaft an die Bedachten, deren Ablösung verlangen.

Art. 531   *6. Bei Nacherbeneinsetzung*
Eine Nacherbeneinsetzung ist gegenüber einem pflichtteilsberechtigten Erben im Umfange des Pflichtteils ungültig.

Art. 532   *III. Durchführung*
Der Herabsetzung unterliegen in erster Linie die Verfügungen von Todes wegen und sodann die Zuwendungen unter Lebenden, und zwar diese in der Weise, dass die spätern vor den frühern herabgesetzt werden, bis der Pflichtteil hergestellt ist.

Art. 533   *IV. Verjährung*
I Die Herabsetzungsklage verjährt mit Ablauf eines Jahres von dem Zeitpunkt an gerechnet, da die Erben von der Verletzung ihrer Rechte Kenntnis erhalten haben, und in jedem Fall mit Ablauf von zehn Jahren, die bei den letztwilligen Verfügungen von dem Zeitpunkte der Eröffnung, bei

den andern Zuwendungen aber vom Tode des Erblassers an gerechnet werden.
2 Ist durch Ungültigerklärung einer späteren Verfügung eine frühere gültig geworden, so beginnen die Fristen mit diesem Zeitpunkte.
3 Einredeweise kann der Herabsetzungsanspruch jederzeit geltend gemacht werden.

Siebenter Abschnitt: Klagen aus Erbverträgen

Art. 534 A. *Ansprüche bei Ausrichtung zu Lebzeiten des Erblassers*
1 Überträgt der Erblasser sein Vermögen bei Lebzeiten auf den Vertragserben, so kann dieser ein öffentliches Inventar aufnehmen lassen.
2 Hat der Erblasser nicht alles Vermögen übertragen oder nach der Übertragung Vermögen erworben, so bezieht sich der Vertrag unter Vorbehalt einer anderen Anordnung nur auf das übertragene Vermögen.
3 Soweit die Übergabe bei Lebzeiten stattgefunden hat, gehen Rechte und Pflichten aus dem Vertrag unter Vorbehalt einer anderen Anordnung auf die Erben des eingesetzten Erben über.

B. *Ausgleichung beim Erbverzicht*

Art. 535 I. *Herabsetzung*
1 Hat der Erblasser dem verzichtenden Erben bei Lebzeiten Leistungen gemacht, die den verfügbaren Teil seiner Erbschaft übersteigen, so können die Miterben die Herabsetzung verlangen.
2 Der Herabsetzung unterliegt die Verfügung jedoch nur für den Betrag, um den sie den Pflichtteil des Verzichtenden übersteigt.
3 Die Anrechnung der Leistungen erfolgt nach den gleichen Vorschriften wie bei der Ausgleichung.

Art. 536 *II. Rückleistung*
Wird der Verzichtende auf Grund der Herabsetzung zu einer Rückleistung an die Erbschaft verpflichtet, so hat er die Wahl, entweder diese Rückleistung auf sich zu nehmen oder die ganze Leistung in die Teilung einzuwerfen und an dieser teilzunehmen, als ob er nicht verzichtet hätte.

Auf die Wiedergabe der Zweiten Abteilung (Der Erbgang) des dem Erbrecht gewidmeten Dritten Teils des Zivilgesetzbuches (Art. 537–640 ZGB) wird verzichtet.

Stichwortverzeichnis

A

Abfassung eines Testamentes 30, 52, 97
Achtung 47, 60
Adoptivkind 71
Akquisition 11, 53
Anfechtung des Testamentes 76, 87, 101, 103 f., 114
Angehörige 111
Anliegen 21, 30, 92
Anregungen 24, 110
Ärzte 26, 55, 57
Ausbildung 63
Ausländer 67
Ausschlagung 78, 114

B

Banken 26, 55, 58
Behutsamkeit 47, 51
Berater 26, 49, 51, 54 f.
Berufsausbildung 39, 63
Betreuung 49, 54, 110
Betriebsrechnung 42
Betroffenheit der Gönner 25, 34
Beziehung 24, 108
Bitten 31, 50, 55
Brancheninteressen 41

D

Dank 43, 46, 61, 110, 112
Detaillierungsgrad 60, 101
Deutschland 67 f.
Direct-mail 37 f., 50

E

Ehegatte, überlebender 70, 81, 92, 110
Ehevertrag 79 f.
Eigengut 77, 79
Eltern 70, 75, 82
Empfehlung 26, 93, 110
Enterbung 76
Entschluss zum Testament 28, 32, 97
Enttäuschungen 52
Erbabfindung 75, 83, 110
Erbauskauf 75, 83, 110
Erbeinsetzung 73, 86, 105, 111
Erbengemeinschaft 78, 113
– fortgesetzte 113
Erbteil 111
– gesetzlicher 81
Erbteilung 114
Erbunwürdigkeit 77
Erbvertrag 16, 82, 87, 102 f.
Erbverzicht 75, 94
Erbvorbezüge 83
Erfahrungsaustausch 9, 64
Erfolgsbemessungskriterien 50
Erfolgskontrolle 41, 64
Errichten eines Testamentes 15, 18, 30, 44, 59, 97, 101, 103
Errungenschaft 79
Errungenschaftsbeteiligung 79
Ersatzerbe 74, 93, 110
Ersatzvermächtnis 74
Erstzahlung 30
Events 62

F
Fachperson 26, 30, 40, 47, 49, 56, 58, 63, 65, 95, 98
familiäre Traditionen 28, 95, 99
Fingerspitzengefühl 38, 44, 48, 51, 60, 63, 111
Fonds 89, 111
Forderungen, verjährte 78
Formfehler 48, 91, 101
Freiheit 47, 85, 99f., 103, 105
Freiwillige 43, 53
Fürstentum Liechtenstein 67

G
Gegenleistung 45
Geistliche 26, 55, 57
Geldforderungen 75, 77, 86
Gemeinschaftsaktion 41f.
Gestalten 27, 86, 92
Gesundheitsligen 32
GfS-Forschungsinstitut 18, 23
Goldenes Buch 46
Gönner 30, 34
Gönnerbewirtschaftung 31
Gönnerbrief 11, 31, 53
Gönnerorganisation 62
Grosseltern 70, 82
Grossempfänger 33
Grossgönner 31
Gütergemeinschaft 80
Güterrecht 78
güterrechtliche Auseinandersetzung 79
Güterstand 78
Gütertrennung 79, 81
Güterverbindung 80

H
Helfer 43, 53
Herabsetzung 76, 83, 87, 102, 114
Hinterlegung 91, 107

I
Informationsschriften 26, 50, 56, 58, 62
Infrastruktur der Legatsuche 11, 49, 55, 59
Inserat 54, 58
Instrumentarium 12, 49, 55, 86, 91
Integration 31, 61
Interesse 29
Inventar 77, 98, 113
Investitionen 41, 50

J
juristische Ratschläge; siehe Fachperson

K
Kirchen 33
Kodizill 73, 86; siehe Vermächtnis
Konkubinatspartner 21, 69, 71, 75, 94
Konkurs 76, 81
Kontrolle der Massnahmen 41, 49
Kontrollmechanismen 50, 108f.
Konzept 49
Koordination 50
Krankenschwestern 26, 55, 57

L
Landeskirchen 33
Lebensgefährte 17, 21, 69f., 81, 92, 94, 110
Lebensverantwortung 28, 78, 92, 96, 99
Lebensversicherung 77, 88, 110
Lebenswerk 45, 96, 99
Legatsbriefe 26, 51, 53, 57
Legatsbroschüren 26, 51, 53, 56
Legatsbüchlein 26, 51, 53, 56

Legatskultur 11, 37, 41, 51, 61, 63
Legatspromotion 33, 38, 41, 54, 59, 62, 111
Leistungsansprüche 77
Liebe 15, 28, 31, 48, 92, 99
Liquidation 111

M
Mahnungen 52
Marketing 38
Mehrfachzahler 30
Methode 38, 49, 55
Missionswerke 33
Mitarbeitende 24, 42 f., 54
moralische Verpflichtungen 28, 78, 92, 96, 99

N
Nachbetreuung 40, 61, 108
Nacherbe 74, 93, 110
Nachkommen 70, 81
Nachlassregelung 29
Nachvermächtnis 75
Notar 54, 58, 87, 91, 107, 110; siehe auch Fachperson
Nottestament 92
Nutzniessung 93, 110

O
Offenheit 29
Opferbereitschaft 32
Österreich 67 f.

P
Perfektion 34, 47
Personalisierung der Gönnerpflege 25, 48, 108
persönliche Beziehungen 24, 48, 110
Pfarrer 26, 55, 57
Pflichtteil 22, 76, 81 f., 87, 93, 102, 104

Planung 13, 27, 50
Potenzial der Legatsuche 13, 110
Projekte 46, 58, 100
Projektlisten 58, 101
Promotoren, externe 26, 49, 54, 57, 62
Prospekte 58
Publikationen 26, 50, 56, 58, 62

Q
Qualität 34, 47, 108

R
Rahmenbedingungen 49, 66
Rechtsanwalt 54; siehe auch Fachperson
Ressourcen 41, 49
Rückkaufswert 77, 88
Rückschlag 80

S
Schenkung zu Lebzeiten 83, 87
Schicksalsschläge 25, 28, 34
Schulden 77, 80
Senioren 18, 54, 57
Sicherheit 27, 47
Siegelung 113
Spielschulden 78
Sponsoring 11, 58, 101
Stadien 28, 61, 97, 103
Stellenwert 42, 49
Steuern 33, 69, 75, 97
Stiftungen 37, 88, 111
Stil des Auftrittes 24, 48, 51, 55, 59, 110
Supervision 63
Synergien 37, 40, 50, 62, 112

T

Teilungsvorschrift
102, 106, 114
Testament 73, 82, 92, 97, 103
– eigenhändiges 91
– notarielles 91
Testamentsbüchlein 26, 53, 56
Testamentseröffnung 114
Testamentspromotion,
allgemeine 12, 15, 17, 29,
33, 41, 54
Testamentsregister 91, 107
Trennung der Ehe 79
Treuhänder 26, 55, 109, 113

U

Überblick 27, 77, 98, 113
Umweltorganisationen 32
Uneigennutz 48
unsittliches Geschäft 78
Unternehmenskultur 11, 37,
43 f., 61, 63

V

Verantwortlichkeit 40, 47, 49,
65, 109
Verantwortung 15, 28, 99
Verbreitung von Legaten 23
Verbundenheit 30, 108
Verdrängen 29
verfügbare Quote 22, 84
Vermächtnis 73, 83, 86, 104 f.,
110 f., 114
Vermächtnisauskauf 75
Vermögensberater 26, 54, 62
Vermögensverwalter 26, 55
Verpflichtungen 15, 100
Versicherungen 55, 77, 88, 110
Versprechen 47, 100, 108
Vertrauen 14, 24, 34, 47, 51, 55
Vorbezüge 77, 86
Vorerbe 74
Vorschlag 77, 80
Vorstand 24, 44, 49, 53

W

Wahrhaftigkeit 47
weibliche Personenbezeichnung
10
Weiterbildung 64
Werthaltungen 15, 32, 92, 96,
99, 111
Will Clinics 54, 57
Willensvollstrecker 109, 113
Wohlfahrts- und Leistungsstaat
66
Wohnrecht 93, 106, 110

Z

ZEWO 13
Ziele 49, 60, 92, 110 f.
zukünftige Erbschaft 87
Zweckbestimmung 25, 60,
99, 101

Literatur

BOLANZ Max, REINHART Matthias: *Erben und Schenken – Fakten, Umfrageergebnisse, Tipps und Ratschläge.* Zürich 1999

BURNETT Ken: *Relationship Fundraising – A Donor-based Approach to the Business of Raising Money.* London 1972

DRUEY Jean Nicolas, BREITSCHMID Peter (Herausgeber): *Güter- und erbrechtliche Planung.* Bern 1999

FÄH Bruno, AEBERSOLD Werner, ZAUGG Robert: *Geldsammeln im Dienste der Mitmenschen – Philosophie und Praxis des Fundraisings.* Bern/Stuttgart 1998

HAIBACH Marita: *Handbuch Fundraising – Spenden, Sponsoring, Stiftungen in der Praxis.* Frankfurt/New York 1998

HAUSHEER Heinz, REUSSER Ruth, GEISER Thomas: *Das Güterrecht der Ehegatten. Berner Kommentar zum schweizerischen Privatrecht.* Bern 1992

HAUSHEER Heinz: *Das Güterrecht der Ehegatten. Berner Kommentar (Update) zum schweizerischen Privatrecht.* Bern 1999

SEVERIN-WOLDT Claudia: *Erbschaftsmarketing in Nonprofit-Organisationen – eine Direct-Marketing-Strategie.* Hamburg 1996

SHANNON James P. (Editor): *The Corporate's Contribution Handbook.* San Francisco/New York 1991

SPITZENBERGER Maren: *Entwicklung eines Erbschafts- und Vermächtnismarketingkonzepts,* Bietigheim-Bissingen 1999

TUOR Peter, PICENONI Vito: *Der Erbgang; Berner Kommentar zum schweizerischen Privatrecht.* Bern 1964

URSELMANN Michael: *Fundraising – Erfolgreiche Strategien führender Nonprofit-Organisationen.* Bern/Stuttgart/Wien 1998

WEIMAR Peter: *Die Erben. Berner Kommentar zum schweizerischen Privatrecht.* Bern (in Vorbereitung)

Dr. Elisa Bortoluzzi Dubach / Hansrudolf Frey

Sponsoring
Der Leitfaden für die Praxis

2., aktualisierte Auflage
237 Seiten, mit Checklisten, Adressenverzeichnis
und Glossar
gebunden, Fr. 44.–/DM 49.–/öS 358.–
ISBN 3-258-06135-1

Eine Einführung in alle Fragen des Sponsorings für Sponsoring-Nehmer und Sponsoren in den Bereichen Sport, Kultur und Umwelt.

Geschrieben von zwei erfahrenen Kommunikationsberatern für Leserinnen und Leser, die sich haupt- oder nebenberuflich mit Problemen der Mittelbeschaffung auseinandersetzen müssen. Hervorgegangen aus dem täglichen Umgang der beiden Autoren mit praktischen Sponsoring-Fragen, ist ein eminent praktischer Leitfaden entstanden. Ein Fachbuch für Mitarbeiterinnen und Mitarbeiter in Klein- und Mittelbetrieben, in Stiftungen, Vereinen, Verbänden, kommunalen und privaten Einrichtungen, Non-Profit-Organisationen und bei Veranstaltern.

Verlag Paul Haupt Bern Stuttgart Wien

Arthur Exer

Die Rechnungsrevision von Vereinen und Non-Profit-Organisationen

Ein Handbuch zur Planung, Durchführung und Berichterstattung

128 Seiten, 14 Abbildungen, zahlreiche Checklisten
kartoniert, Fr. 28.–/DM 31.–/öS 226.–
ISBN 3-258-06187-4

Etwa hunderttausend Vereine gibt es in der Schweiz – jeder mit seinen Statuten und Organen, Mitgliederversammlungen und Jahresrechnungen. Meist handelt es sich dabei um kleine Organisationen, die keine wirtschaftlichen Zwecke verfolgen und daher von Gesetzes wegen zu einem Eintrag ins Handelsregister nicht gezwungen sind. Zu einer gesetzeskonformen Geschäftsführung und Buchhaltung ist jeder Verein nach Obligationenrecht allerdings verpflichtet.

Um die statutarische Prüfung solcher Vereinsrechnungen geht es in Exers sauber und logisch aufgebautem Leitfaden. Nach einer eingehenden Erörterung der gesetzlichen Grundlagen von Vereinen sind die weiteren Kapitel der Planung und Durchführung der Revision und der Berichterstattung gewidmet. Der Anhang enthält eine Reihe von Standardprüfprogrammen und Mustern.

Exers praktisches «Handbuch» ist das erste Werk, das vereinsspezifisches Know-how zu Rechnungswesen und Revision vermittelt. Es richtet sich zwar in erster Linie an die Laienprüfer von Nonprofit-Organisationen, die als Verein konstituiert sind. Mit seinen zahlreichen Checklisten wird es aber auch Revisorinnen und Revisoren von Stiftungen, Gemeinden oder öffentlich-rechtlichen Anstalten wie Heimen oder Schulen wertvolle Dienste leisten.

Verlag Paul Haupt Bern Stuttgart Wien